O fruto de suas mãos

Outros títulos da série:

Fidelidade
Como ser marido de uma só mulher

Futuros Homens
Criando meninos para enfrentar gigantes

Reformando o Casamento
A vida conjugal conforme o Evangelho

O Marido Federal
A liderança bíblica no lar

O Fruto de suas Mãos
O respeito e a mulher cristã

Sua Filha em Casamento
Cortejo bíblico no mundo moderno

Minha Vida pela Sua
Caminhando pelo lar cristão

Firmes nas Promessas
Um manual para a educação bíblica de filhos

O fruto de suas mãos

O respeito e a mulher cristã

NANCY WILSON

CLIRE

Originalmente publicado em inglês sob o título:
The Fruit of Her Hand: Respect and the Christian Woman.
Primeira edição em português, 2017.

Publicado sob permissão de Canon Press,
P.O. Box 8729, Moscow, ID 83843.

Tiragem: 5.000 exemplares

ISBN: 978-85-62828-45-4

Editor:	Waldemir Magalhães
Tradução:	Márcio Santana Sobrinho
Revisão:	Eva Luiza Santana, Iraldo Luna
Capa:	Rachel Rosales
Design do miolo:	Laura Storm
Diagramação:	Marcos Jundurian

Salvo outra indicação, todas as citações bíblicas foram extraídas da versão *Almeida Revista e Atualizada*, 2.ª edição.

Centro de Literatura Reformada
Rua São João, 473, 50020-150, Recife-PE
Contato: +55 81 3223-3642
www.editoraclire.com.br

Para Douglas,
a pessoa mais frutífera que conheço

SUMÁRIO

PRÓLOGO

Nancy e eu nos damos muito bem e isso, por mais estranho que pareça, cria alguns problemas. Quando duas pessoas são tão compatíveis é muito fácil navegar embalado por essa afeição natural. O problema com isso é que algumas vezes se torna fácil negligenciar aquilo que é essencial num bom casamento, que é descansar na graça de Deus. No decurso desses anos deleitosos em que estamos juntos, Nancy tem sido cuidadosa em evitar essa armadilha, buscando as Escrituras para instrução sobre como ser uma esposa e mãe piedosa, e tem tido igual cuidado em pedir a Deus que a capacite a fazer aquilo que ele exige.

Provavelmente a melhor coisa que posso deixar registrada neste livro é o testemunho de que Nancy diligentemente pratica aquilo que exorta outras mulheres a fazer. Ela tem escrito sobre casamento e família durante vários anos, e lendo-a jamais encontrei nada que pudesse apontar como hipocrisia. Nem uma só vez.

Apenas se dar bem não é suficiente. Nada serve senão amor e obediência; homem e mulher são chamados a demonstrar a relação pactual entre Cristo e a igreja. Nada posso fazer de melhor além de recomendar este livro para as mulheres cristãs que refletem sobre como podem ser auxiliadoras piedosas do próprio marido neste alto chamado. A mulher que escreveu esse livro está tendo de conviver com um ogro há quase quarenta anos e possui muita sabedoria prática.

Douglas Wilson

CAPÍTULO I

UMA MULHER ORIENTADA AO CASAMENTO

Sabe, porém, isto: nos últimos dias, sobrevirão tempos difíceis, pois os homens serão egoístas, avarentos, jactanciosos, arrogantes, blasfemadores, desobedientes aos pais, ingratos, irreverentes, desafeiçoados, implacáveis, caluniadores, sem domínio de si, cruéis, inimigos do bem, traidores, atrevidos, enfatuados, mais amigos dos prazeres que amigos de Deus, tendo forma de piedade, negando-lhe, entretanto, o poder. Foge também destes. Pois entre estes se encontram os que penetram sorrateiramente nas casas e conseguem cativar mulherinhas sobrecarregadas de pecados, conduzidas de várias paixões, que aprendem sempre e jamais podem chegar ao conhecimento da verdade (2Tm 3.1-7).

1. MULHERINHAS

A mulher de hoje em nossa sociedade é de fato ingênua. Ela se tornou cativa das mentiras promulgadas pelo mundo moderno e sucumbiu de muitas formas à mentalidade humanista. Quem são os enganadores? São amantes de si mesmos, do dinheiro, dos prazeres. A mulher moderna foi, como Eva, enganada e conduzida por suas próprias paixões para longe do domínio e das responsabilidades que recebeu de Deus. Sobrecarregada de pecados — descontentamento e inveja —, lhe foi prometida liberdade e felicidade se ela simplesmente abandonasse seu âmbito de domínio — o lar — e negligenciasse suas responsabilidades — marido e filhos.

Quais são algumas dessas mentiras que lhe foram contadas? Que a fecundidade é má; filhos estragam o corpo e o orçamento. Casamento é uma parceria; submissão é para imbecis. Ser dona de casa é para as cabeças de vento que não servem para o mundo dos negócios. As mulheres não estão destinadas a um único propósito, mas devem e podem competir com os homens em pé de igualdade. A coisa mais importante é ter uma autoimagem saudável e as suas necessidades mais profundas atendidas. Se essas necessidades não estão sendo atendidas pelo seu marido, procure outra pessoa que as atenda. A velha feminilidade está ultrapassada; a nova feminilidade dita que a mulher deve apresentar-se como alguém capaz, confiante e, custe o que custar, jovem e sexy.

Como esse tipo de pensamento rastejou para dentro de nossos lares? A mídia nos doutrina diariamente. As notícias se opõem à visão bíblica sobre a mulher e a maternidade. Os filmes e os programas de entretenimento chamam as mulheres à luta contra homens e maridos. Eles exaltam a "mulher moderna" e negligenciam ou ridicularizam a mãe no lar. Uma amiga estava fazendo um curso de inglês em uma universidade pública e ouviu nos primeiros dias de aula que nenhuma linguagem sexista seria tolerada nos trabalhos dos estudantes. Qual era a definição de linguagem sexista dada pelo instrutor? *Mãe*. A classe foi advertida de que não poderia usar o termo *mãe* em seus textos, mas deveria usar o termo politicamente correto *cuidadora*. Em outras palavras, eles não podiam escrever: "A mãe assou os biscoitos", mas somente "A cuidadora assou os biscoitos". A agenda feminista é extremada nas escolas públicas, do jardim de infância à universidade.

É fácil identificar a mulher sem fibra que tem sido desencaminhada por esse desgraçado ensino. Ela sacrificou os filhos e o casamento, seu chamado e responsabilidades, em favor de suas próprias paixões. Foi enganada e está enganando a outros. Em sua busca frenética por sucesso e aprovação do mundo, perdeu justamente aquilo que tentava ganhar: abençoada paz e satisfação. Após a carreira, o guarda-roupas, a membresia num clube social de prestígio, um segundo carro e a viagem de férias, ainda resta um vazio terrível a preencher. Nenhum dos livros românticos sobre a estante pode preencher esse vácuo. Então o que pode? Bingo! Imediatamente temos um imenso mercado para mais enganação através da última baboseira psicológica de autoajuda. Seminários e livros e dispendiosas semanas de aconselhamento são o próximo passo. Ali ela pode falar sobre as suas necessidades e frustrações. Ali pode aprender a lidar com a falta de satisfação. Ali pode aprender como retomar o diálogo com o marido e as crianças. Ou talvez seja encorajada a divorciar-se e encontrar alguém que preencha suas necessidades. A mulher moderna é o exemplo cabal da mulherinha descrita em 2Timóteo. Está escravizada a todos os tipos de ilusões modernas, sempre aprendendo, mas jamais chegando ao conhecimento da verdade. Eis a mulher do século 21.

Como a mulher cristã que se dedica a servir a Deus em seu lar pode resistir a esse tipo de propaganda? Como a mulher que cedeu ao mundo pode voltar ao rumo certo? A resposta é bastante simples, mas não necessariamente fácil. Primeiro devemos repudiar as prioridades do mundo para a mulher e buscar entender as prioridades da Palavra para as mulheres. Isso é ao mesmo tempo uma proteção e a solução. Devemos decidir ser obedientes à Palavra de Deus não importa o que ela diga, sem concessões. É isso que significa ser uma mulher da Palavra. Devemos buscar aquilo que a Bíblia ensina sobre casamento, filhos, homens e mulheres e seus papéis, e então obedecer sem rodeios, não importa o quanto custe. Isso é cristianismo radical? Não. É cristianismo básico.

2.   UM LAR COM VISÃO

Você já parou para pensar sobre como enxerga o seu marido, e como essa visão afeta a ele e a você? Agora, o que exatamente estou querendo dizer com *visão*?

Visão é sinônimo de perspectiva. Talvez a visão da sua janela seja de um estacionamento sem graça, ou talvez uma linda vista para colinas ou para um jardim. Algumas pessoas têm diante de si cenários adoráveis para os quais não dão importância — falham em apreciá-los. Ao invés de admirar a visão, focam em todas as ervas daninhas que há para arrancar e galhos para podar. De modo contrário, há alguns que têm diante de si cenários sem graça e que elevam os olhos para o belo céu que têm acima de si, e descobrem que, no fim das contas, podem ser gratos pela vista de que desfrutam.

Então, qual é a sua perspectiva quando você olha para o seu marido? Quando pensa nele, quando fala com ele, quando ora por ele, qual a sua visão? É uma visão bíblica? Ou uma visão humanista, manchada pela visão do mundo moderno a respeito do casamento, do cuidado da casa e do papel do marido? E, a propósito, qual é a visão bíblica a respeito do marido?

No Cântico dos Cânticos de Salomão, temos uma bela visão do amado: "Qual a macieira entre as árvores do bosque, tal é o meu amado entre os jovens" (Ct 2.3). Quando você pensa no seu marido, ele é uma macieira em meio à floresta? Pois deveria ser. Ou o que você vê é uma árvore na floresta, encoberta por muitas outras árvores imponentes e de maior estatura? Talvez você precise ajustar sua visão.

Primeiro você deve ver seu marido como seu cabeça. A autoridade dele como seu cabeça é estabelecida na Palavra de Deus. "As mulheres sejam submissas ao seu próprio marido, como ao Senhor; porque o marido é o cabeça da mulher, como também Cristo é o cabeça da igreja, sendo este mesmo o salvador do corpo. Como, porém, a igreja está sujeita a Cristo, assim também as mulheres sejam em tudo submissas ao seu marido" (Ef 5.22-24).

Gostaria de enfatizar duas expressões encontradas na passagem acima: *próprio* e *em tudo*. Você deve ver o seu *próprio* marido como o seu cabeça. Os homens não são os cabeças das mulheres, mas o marido é o cabeça de sua própria esposa. A mulher *não* deve se submeter a outros homens, mas a seu próprio cabeça. Ela deve ver somente o próprio marido, e não a outros homens, como sendo seu cabeça. Isso é importante. Meu marido é meu cabeça. Devo seguir meu próprio cabeça, me submeter a ele em todas as coisas. Não devo buscar no cabeça de outrem conselho e ajuda, sem ir primeiro ao meu.

Certa vez, quando eu e meu esposo estávamos conversando com um casal, a mulher fez ao meu marido uma pergunta que parecia bem inocente, mas pude ver pela expressão do marido dela que ele já conhecia aquela pergunta, e já a tinha respondido. Ela deveria estar insatisfeita com a resposta do marido, do contrário não estaria pedindo outra opinião. E se o meu marido desse uma resposta contrária à que ela ouviu de seu próprio cabeça? Aquilo poderia colocá-la numa situação de querer submeter-se ao meu cabeça e não ao dela. Eu deixei claro que ela estaria desonrando o próprio esposo ao fazer ao meu marido uma pergunta que o dela já havia respondido. Ao invés daquilo, ela deveria ter perguntado ao próprio marido se não tinha problema buscar uma opinião alheia sobre o assunto. Desse modo ela não estaria criando o potencial problema de opor seu marido ao meu, e aparentemente concordar mais com o meu.

Um cabeça é dado a uma mulher para proteção, segurança e abrigo. Não devemos deixar a segurança de nosso próprio cabeça por aquilo que parece um melhor abrigo para nós. Essa é uma perigosa tentação e as mulheres sucumbem a ela de diferentes maneiras. Algumas vezes elas caem ao ler livros cristãos ou ao ouvir professores cristãos. "Mas com certeza aquilo que fulano diz não está errado", você afirma. Sim, é errado se você começar a olhar para outro alguém *como seu cabeça*. As mulheres são facilmente enganadas. Que grande proteção é ter um cabeça ao qual se submeter, ao invés de ser seduzida por nossas próprias emoções, caprichos e temores. A mulher deve cultivar uma alta visão de seu cabeça — tanto pela *posição* em que Deus o colocou em relação a ela, como pela *autoridade* que Deus deu a ele. Quando as mulheres adotam essa visão elevada, a submissão é vista como algo inteiramente diferente. Submeter-se a alguém a quem Deus colocou sobre você com amorosa autoridade é um alívio, não um fardo.

A segunda expressão é *em tudo*. Hummm. O que *em tudo* significa exatamente? Talvez possamos resolver esse dilema examinando o termo original grego...

Quando começamos a ver que os mandamentos de Deus para nós resultam em nosso bem, que ele tem em sua divina sabedoria provido um plano perfeito para o casamento, então nosso temor da submissão irá diminuir. Precisamos ver a submissão ao nosso próprio cabeça como um meio ordenado por Deus para nossa proteção e felicidade.

É claro que algumas irão imediatamente pensar nos casos extremos nos quais a submissão seria impossível. Não estou falando sobre submeter-se a seu marido se ele te diz para violar um mandamento expresso de Deus. Estou falando sobre a submissão do dia a dia. Submissão significa o ato de ser indulgente, condescender, deferir ou ceder. É algo positivo, não negativo. Devemos obedecer a nosso próprio marido, como está em Tito 2.5. E isso quer dizer em tudo. Sim, no que se refere ao lar, finanças, disciplina dos filhos, educação, treinamento, e assim por diante. O que o seu cabeça pensa sobre essas coisas? Como ele quer que você lide com as situações que surgem? Ele quer que você pergunte aos seus pais, sogros, amigos, ou presbíteros na igreja antes de perguntar a ele?

Precisamos cultivar uma visão elevada de nosso marido e uma visão elevada da tarefa que ele recebeu de Deus. Comece a ver seu marido como uma macieira em meio à floresta. Ele é único, e Deus preparou uma tarefa especial para que ele execute. Você tem o privilégio de ser a auxiliadora que Deus designou para ele. Tenha uma visão elevada desse seu chamado e uma visão bíblica das responsabilidades associadas a essa vocação. Sua visão irá melhorar à medida que você aplica o ensino de Deus. Seu marido irá apreciar sua obediência e sentir-se livre para viver de acordo com tudo o que Deus o chamou para ser. Você irá se encontrar vivendo em um lar com uma vista adorável.

3.   VERDADEIRO MINISTÉRIO

Ter uma visão bíblica da liderança é uma proteção em muitas áreas, incluindo algumas daquelas nas quais as mulheres podem pensar que não precisam de proteção. Considere o papel que as mulheres cristãs mais velhas têm no ministério. A Escritura encoraja as mulheres mais velhas a ensinarem as mais novas a como amar o marido e os filhos (Tt 2.3-4). O que isso significa no século 21, com os modernos meios de comunicação e transporte? Há limites para o ministério que uma mulher pode desempenhar para com outras mulheres? Quais as bênçãos e os perigos ligados ao ensino de outras mulheres?

Em primeiro lugar, perceba que a natureza do ensino na passagem de Tito é muito centrada no lar. Isso não é algo estreito; é algo que dá a mulher um amplo espectro de temas que podem ser abordados. Ensinar mulheres a se dedicarem aos maridos e filhos deve incluir muitos tópicos, variando da santidade pessoal aos métodos de educação. Praticamente qualquer aspecto da fé ensinada nas Escrituras pode ser útil para uma esposa e mãe. Qualquer estudo centrado na Escritura pode ser usado como uma ferramenta real, porque uma boa mulher cristã será uma boa esposa e mãe.

Mas quais outros princípios são estabelecidos para as mulheres cristãs e podem incidir nesta questão das mulheres no ministério? Hoje temos mulheres no mundo cristão que escrevem livros, editam revistas para mulheres, viajam em conferências itinerantes, têm programas no rádio ou na tevê, palestram em simpósios, etc. Se o ensino é bíblico e centrado em Cristo, pode-se automaticamente deduzir que o ministério é bíblico e centrado em Cristo?

A primeira pergunta a fazer e a responder é: "Quem é o marido dessa mulher?" Em seguida, há muitas outras perguntas secundárias que devemos fazer. Ela está cumprindo seu ministério para com ele? Ele é a prioridade dela? Ela o está auxiliando? A casa dela está em ordem? Ele está liderando-a nesse ministério? A identidade dela como esposa cristã está, abaixo de Cristo, centrada no relacionamento que tem com o marido? Certamente se uma mulher é viúva ou solteira, ela pode ter um ministério produtivo. Mas ainda precisará de algum tipo de proteção e prestação de contas, que devem ser feitas por meio da igreja.

Se a resposta a qualquer das perguntas anteriores for "não", então o ministério dela é provavelmente independente do marido, tal como uma carreira própria. Contudo, por ser um ministério "cristão", é de algum modo visto como um ministério válido. Em contraste, porque a Escritura ensina que o marido é o cabeça da esposa, a mulher cristã no ministério deve ser vista como estando debaixo da liderança visível de seu esposo. Em outras palavras, o ministério dela deve estar visivelmente ligado ao dele. Isso pode ser de grande ajuda para ele, porque o ensino transmitido pela esposa pode ser complemento ao seu trabalho. Ele pode protegê-la de tornar-se demasiadamente comprometida com o serviço fora do lar; ele pode ver objetivamente se ela está mantendo firme as prioridades; ele sabe como ela está espiritualmente e se ela sequer está qualificada para ensinar. Ele pode protegê-la de muitas tentações e liderá-la em seu ministério a outras mulheres. Essa proteção é uma bênção. Quando as pessoas ouvem ou leem o ensino dela, esse ensino está organicamente ligado ao cabeça que Deus pôs sobre ela. Isso é obviamente difícil quando o marido está do outro lado do país, ou se o nome dele meramente aparece em letras miúdas na página de dedicatória dos livros. É por isso que eu raramente viajo para falar em conferências de mulheres, mas, ao invés disso, falo onde o meu marido é convidado a falar. Isso não somente nos mantém juntos, trabalhando como um time, mas ele também está disponível para continuar me liderando e protegendo dentro do contexto do ministério. Meu papel de ensino é apoiar e complementar o ensino dele, não o contrário. Por isso o meu ministério está visivelmente ligado ao do meu marido e não é visto como uma obra separada.

A Escritura ensina que uma esposa é especialmente criada por Deus para ser auxiliadora de seu marido: "A mulher virtuosa é a coroa do seu marido" (Pv 12.4). Quando uma mulher no ministério consegue êxitos em uma posição de independência do marido, muitas tentações acompanharão tal sucesso. Ela será tentada a pôr seu "ministério" à frente de seu chamado primário para ser esposa e mãe. Será tentada a encontrar mais satisfação e gratificação em seu "ministério" do que em seu chamado para ser esposa. E então virá a tentação de aceitar mais e mais compromissos para palestras, de apreciar a independência econômica, de trabalhar duro fora de casa, de acostumar-se ao sucesso à parte do marido, e de se tornar mais independente dele.

Em alguns casos, a carreira do marido é considerada inferior, por não ser tão lucrativa, de modo que ele deixa seu trabalho para administrar o "ministério" da esposa. Isso é um retrocesso total. Como podemos esperar que Deus abençoe um ministério que está, em essência, sendo liderado por mulheres e auxiliado pelos maridos? Isso é especialmente trágico quando a carreira da esposa leva o nome de cristã e dedica-se a ensinar como ser uma esposa "centrada no lar".

As mulheres têm estado com frequência vulneráveis ao engano, e frequentemente elas enganam a si mesmas. Aquelas que sacrificam seu próprio lar, enquanto ensinam outras mulheres a serem esposas respeitosas e submissas, têm sido enganadas e estão enganando a outras. Isso termina se tornando visível quando a questão chega ao divórcio. Ela derribou sua casa com suas próprias mãos (Pv 14.1). Quando chega a se dar conta da armadilha na qual se meteu, normalmente é tarde demais. Desistir e voltar para casa seria um escândalo público; confessar abertamente esse pecado seria humilhante; pedir ajuda seria admissão de fraqueza; encerrar o ministério poderia deixar outras mulheres (ou homens) sem emprego. Ela percebe que os custos são altos demais, então continua a viver a mentira.

A igreja hoje precisa de ensino piedoso para as jovens mulheres. Isso deve vir de mulheres mais velhas e piedosas — mas estas precisam primeiro ser submissas à Escritura e ao próprio marido. Assim, em um contexto no qual o marido é honrado, elas são protegidas das ciladas e tentações do "ministério".

CAPÍTULO 2

ANDANDO COM DEUS

1. SENDO UMA MULHER DA PALAVRA

Pois tudo quanto, outrora, foi escrito para o nosso ensino foi escrito, a fim de que, pela paciência e pela consolação das Escrituras, tenhamos esperança (Rm 15.4).

No meu casamento, meu sogro, que presidiu a cerimônia, orou para que eu pudesse ser uma mulher da Palavra e uma mulher de oração. Após vinte anos, ainda sou desafiada e condenada por tais palavras. Ah, ser uma mulher da Palavra e de oração! Naquele momento pareceu tão simples...

Quando uma mulher assume as responsabilidades do casamento e maternidade, é tentador pensar que um ou dois versículos por dia serão suficientes. A demanda de atividades pode comprimir o tempo de leitura da Bíblia rebaixando sua prioridade. Há tanto a ser feito! Mas manter-se no Livro irá equipar as mulheres a cumprir seus ministérios junto ao marido e filhos (2Tm 4.5). Também irá capacitá-las a alegremente apresentar seus deveres perante Deus.

Nem todas as mulheres são estudantes por natureza. Exige disciplina ler as Escrituras. É fácil deixar isso para o final, quando todas as tarefas estiverem feitas. Aí, de qualquer forma, você pode já estar cansada demais para ler, ou sua mente pode estar tão cheia com dezenas de detalhes que você é incapaz de prestar atenção a uma só palavra do que lê na Escritura.

Todas nós precisamos de ajuda e encorajamento para dedicar-nos ao Livro e chegarmos a ser verdadeiras estudantes na escola de Cristo. Como disse o puritano Jeremias Burroughs: "Veja um erudito que tenha grande compreensão das artes e ciências; como ele começou? Começou, como dizemos, com o ABC, e então chegou ao Testamento, Bíblia e gramática, e após isso aos seus outros livros". Precisamos começar nos tornando sérias alunas de Cristo, e isso começa com a simples leitura da Escritura.

John Bunyan, em *Christian Behavior*, disse: "A Bíblia toda foi dada justamente para este propósito: que você, ao mesmo tempo, creia em sua doutrina e viva na doçura e conforto dessa doutrina". Como podemos viver na doçura e conforto das doutrinas se nem sequer sabemos o que elas dizem? Devemos primeiro aprender, e então poderemos viver a desfrutar de sua alegria. Se estivermos expostas a somente um tiquinho de doutrina aqui e ali, isso é impossível.

Comece com o plano básico de percorrer o Novo Testamento. Lendo aproximadamente dez capítulos por dia, você terminará a leitura em um mês. Se achar que é muito pesado, leia cinco capítulos por dia. Sente-se e marque o tempo que gasta para ler os cinco capítulos (sem retroceder ou reler). Você ficará surpresa com quão pouco tempo que essa tarefa exige. E essa pequena quantidade de tempo fará com que você percorra o Novo Testamento inteiro a cada dois meses. Se encontrar algo que não entende, siga avante. Você logo estará lendo de novo aquela porção. Sempre que termino, anoto a data para que possa ver quantas vezes li cada livro e também para registrar se pulei alguma seção. Você pode fazer a mesma coisa ticando os capítulos lidos numa tabela de plano de leitura.

Você verá que, enquanto trabalha, ensina seus filhos ou visita uma amiga, o Senhor traz à sua mente os trechos das

Escrituras que você está lendo. Quando isso se tornar um hábito na sua vida, será uma grande bênção para você. As Escrituras são uma fonte de conforto, como disse Bunyan, e as doutrinas nela contidas são de fato muito doces.

As esposas cristãs tendem a deixar os livros grossos e a teologia para os maridos. Embora isso possa parecer submissão para alguns, é simplesmente desobediência. Não é suficiente que conheçamos Provérbios 31, Efésios 5, 1Pedro 3, e 1Coríntios 1 e 14. Temos de saber muito além do que como ser uma boa esposa. Afinal, nosso chamado é para sermos boas cristãs; e se formos boas cristãs, seremos boas esposas e mães, como já mencionei. Não devemos ter medo de estudar outros tópicos além dos que tratam de como ser esposa e mãe. Vemos na Escritura que as mulheres se tornaram discípulas juntamente com os homens. O que é um discípulo? Não é um seguidor descuidado. Discípulo é um *aluno* — alguém que está matriculado na classe.

Isso pode ser visto até mesmo em passagens da Escritura que têm sido mal compreendidas e tachadas de "antifemininas". Quando Paulo proíbe que as mulheres ensinem a homens, ele (no mesmo trecho) exige que as mulheres cristãs sejam estudantes da Palavra. "A mulher *aprenda...*" (1Tm 2.11).

Já que nos é exigido aprendizado bíblico, não devemos temer tal tarefa. Devemos vencer nossa ignorância! Uma vez dedicadas à leitura bíblica, devemos evitar o ensino pernicioso, seja pela tevê, livros cristãos, ou do púlpito. Devemos ler bons e sólidos livros sobre a doutrina cristã. Isso é bom para nós! Devemos cultivar o gosto por livros que edifiquem a nossa fé — ao invés de nos levar para a terra da fantasia.

Você pode começar lendo biografias de santos que foram grandemente usados por Deus no passado. *Seja seletiva*. Busque sugestões com o seu marido. Pegue livretos na biblioteca da sua igreja — o tamanho deles não intimida. Trabalhe no seu ritmo para assimilar mais e mais literatura cristã sólida. Se for o caso, leia só uma ou duas páginas por vez, e nunca em detrimento de seu tempo de leitura bíblica.

Se você perder um culto, assista à gravação. Faça notas do sermão, anote suas perguntas, e em seguida faça-as ao seu marido (isso levanta a questão sobre como uma mulher pode aprender quando o marido se recusa a liderar espiritualmente, mas esse assunto será tratado em outra parte desse livro). Burroughs pergunta a seus leitores quantos sermões eles ouviram, e quantos sermões eles *aprenderam*. Quanto mais você ler, mais perceberá que seus pensamentos e sua fala refletem a sua leitura, e mais desejará ler. Conhecer a Escritura também nos salvaguardará da vulnerabilidade ao engano de nossa mãe Eva. Que possamos todas nos tornar mais e mais mulheres da Palavra.

2.   A MULHER E A SERPENTE

> Mas receio que, assim como a serpente enganou a Eva com a sua astúcia, assim também seja corrompida a vossa mente e se aparte da simplicidade e pureza devidas a Cristo (2Co 11.3).

Esse verso apresenta a simplicidade do evangelho de Cristo em franco contraste com a astúcia da serpente. Eva se deixou levar e foi enganada pela esperteza da serpente. Ela acreditou numa mentira e perdeu a benção da simplicidade que se encontra em Cristo.

O que é essa simplicidade? Não é algo complexo, rebuscado, elaborado ou sofisticado. Mas quando se trata de engano e esperteza, quanto mais complicada e intricada a mentira for, melhor. Quanto mais sofisticada a mentira aparenta ser, maior apelo tem junto ao crente imprudente e descuidado.

Quando seduziu Eva, a serpente ofereceu algo novo e diferente: "como Deus, sereis conhecedores do bem e do mal". Ela também contestou Deus dizendo: "É certo que não morrereis". A serpente lisonjeou Eva para que ela pensasse que sabia algo que seu marido não sabia. Você alguma vez já parou para pensar no porquê dela não ter ido a Adão ao invés de Eva? Paulo ensina que as mulheres são mais facilmente enganadas do que os homens (1Tm 2.14). A Bíblia ensina que essa é a razão por que Deus ordenou que o homem fosse cabeça do lar. Ele não se deixa enganar tão facilmente quanto a esposa. Isso, obviamente, não significa que os homens não tenham problemas morais; os homens são mais capazes de se rebelarem abertamente (como se demonstra na desobediência de Adão). Mas as mulheres são mais capazes de se deixarem desviar, ainda que com a melhor das intenções.

É certo que os homens também podem ser enganados, mas é mais comum o caso em que eles enganam, e as mulheres lhes dão ouvidos. Um dos mais lamentáveis exemplos disto na atualidade é a indústria do aconselhamento. Quando as mulheres cristãs precisam de auxílio espiritual, elas muitas vezes se deixam facilmente levar pelo que hoje se faz passar por "aconselhamento cristão". A explosão no aconselhamento é dirigida às mulheres, e é mantida com o patrocínio das mulheres. As mulheres se tornaram uma audiência fácil e disposta para esse empreendimento comercial. Tem sido dito a elas todo tipo de mentiras terríveis em seminários e retiros, e até mesmo nos últimos best-sellers das livrarias cristãs locais. Em que tipo de engano as mulheres têm caído hoje?

Uma ideia popular é a de que seus problemas são, no fim das contas, culpa dos seus pais. Você não é responsável pelos seus próprios erros, porque eles são um reflexo da sua formação — seus pais é que criaram você da forma errada. E onde ficam as doutrinas do perdão e santidade? O que aconteceu com aquele verso obscuro que dizia algo sobre honrar pai e mãe? (Deus realmente disse isso, não disse?). Como a primeira mulher, nós ainda damos ouvido àquela frase, "foi assim que Deus disse?"

Ou, se disse, ele deveria querer dizer outra coisa. Ele deveria ter em mente os pais de alguma outra pessoa. Lisonjeamo-nos pensando que a Palavra de Deus provavelmente não se aplica à nossa situação específica, porque nós somos únicas. E esse é o mesmo antigo engano que Eva sofreu com a serpente.

Outra mentira mascarada como "ajuda" cristã é a de que devemos voltar ao nosso passado para ressuscitar velhas feridas e erros. E tudo de que você se lembrar é verdade. Isso ignora o ensino bíblico sobre o coração humano. Somos plenamente capazes de reescrever a história e atribuir a culpa a quem queiramos. Previna-se contra a tendência, popular no movimento de aconselhamento moderno, de vasculhar todo o coração e fazer uso indevido do passado. Para os cristãos, o perdão não é o objetivo final, mas o ponto de partida (Mt 6.14-15).

Porque as mulheres são inclinadas ao engano, devemos nos proteger. Tudo o que ouvimos deve ser pesado na balança da Escritura. Assim, o que uma mulher sábia faz quando precisa de ajuda espiritual? Aqui vão algumas sugestões.

Procure primeiro o seu marido. Ele é o seu cabeça e o responsável perante Deus por guiar e pastorear o seu lar, começando com você. Não o procure para acusá-lo por seus problemas; vá com um espírito humilde, buscando ajuda para seu problema (Ef 5.23; 1Co 14.35).

Se você chegar a ele humildemente (sem nenhuma crítica velada), e ainda assim ele não se dispuser a aconselhá-la, ou caso ele não saiba como fazê-lo, peça permissão para buscar aconselhamento bíblico e pastoral (Ef 4.11-16). Quando uma mulher me procura para obter ajuda espiritual, procuro saber se ela tem a bênção do marido para buscar meu conselho. Se o marido é um incrédulo ou um cristão desobediente, ainda insisto que ela deve ser respeitosa ao tratar dessa situação.

Se ele está em franco estado de rebelião (p.ex., metido num esquema mafioso), a esposa deve buscar ajuda, sem esperar pela permissão dele. Como acontece com todo governo humano, a autoridade do marido sobre a esposa é genuína, mas não é absoluta. Há certas áreas da vida familiar nas quais o magistrado civil ou os presbíteros da igreja possuem jurisdição legítima. Se a sua situação for assim dramática, você deve buscar ajuda externa — mas ainda assim fazendo-o de modo respeitoso (At 4.19).

Não partilhe seu problema espiritual com todas as suas amigas. Algumas vezes falar sobre o problema apenas piora as coisas. Há muitas mulheres que se dedicam a falar mal dos maridos para as amigas em nome da busca de aconselhamento e encorajamento. Se o problema não é grande o bastante para partilhar com os presbíteros da igreja (ou com a polícia), então não é grande o bastante para ser partilhado com ninguém. Inclusive, se você acha que não precisava ficar calada em alguma situação, provavelmente você precisa treinar mais essa prática (Pv 31.11). Infelizmente, as mulheres costumam se confidenciar com pessoas que não estão aptas a ajudar, e aqueles que podem ajudar (tal como o pastor ou os presbíteros) são os últimos a serem procurados.

Lembre-se de que não há nenhum problema novo no mundo. Meu esposo chama muitos problemas espirituais de "problemas de prateleira de supermercado". Em outras palavras, são problemas comuns com soluções bíblicas muito claras. O seu problema não é único, e há sempre uma resposta bíblica para ele. Deus não deixou você sem esperança. Mas a esperança que ele oferece se encontra em sua Palavra (Ec 1.9; 1Co 10.13).

Então, seja obediente à Palavra, e pese o conselho do seu marido, ou os conselhos dos presbíteros, na balança da Palavra de Deus (At 17.11).

Isso não é algo que você pode fazer sem que tenha muito da Palavra em si mesma. Em muitas situações, não é de se admirar que não saibamos o que fazer, pois não estamos na Palavra. Como podemos saber aquilo que Deus requer se não estamos lendo aquilo que ele escreveu (Dt 8.3)?

Não permita que o aconselhamento mundano (e mesmo o aconselhamento cristão mundano) rotule o seu problema com algum nome chique. Chamar algo de *síndrome* não muda nada. Pecado é pecado. Então, se a Bíblia considera algo que você pratica como pecado, confesse e se arrependa (1Jo 1.9).

Fique longe dos livros que a fazem fazer olhar interiormente ao invés de fazê-la olhar para longe de si mesmo, em direção a Cristo. Ele é todo suficiente para todos os problemas que uma mulher casada (ou solteira, ou viúva, ou divorciada) pode ter (Hb 8.1).

De modo especial, fique longe dos livros que a levam a pensar que você tem problemas que nem sabia que tinha. Não se deixe enganar pelo argumento de que você está se privando (Gn 3.5).

E, finalmente, ore para que sua mente não seja conduzida ao engano e corrupção, mas que permaneça, se firme e faça morada na simplicidade que se pode achar em Cristo.

CAPÍTULO 3

RESPEITO

1.   RESPEITO FAZ A DIFERENÇA

Não obstante, vós, cada um de per si também ame a
própria esposa como a si mesmo, e a esposa respeite
ao marido (Ef 5.33).

Algumas vezes me pergunto onde a Igreja estaria hoje
se os homens que estão nela fossem respeitados como deveriam ser por suas esposas. Que poder Deus não derramaria
por meio de homens piedosos que fossem respeitados em
casa? Estou certa de que a falta de respeito e, em alguns
casos, o aberto desrespeito têm refreado muitos homens.

Algumas mulheres ficam perplexas com a ordem de
respeitar o marido. Elas pensam que respeito é simplesmente uma emoção, e se elas não o sentem, então não há mais
nada que possam fazer. Sim, respeito é um sentimento, mas
é também algo que nós escolhemos fazer. A definição de
respeito num dicionário demonstra que ele é um verbo; é
algo que envolve ação de nossa parte: "Sentir ou demonstrar
honra ou estima por; considerar ou tratar com deferência
ou cortesia; mostrar consideração por". Repare nas palavras
honra, *estima*, *deferência*, *cortesia*.

Respeito é algo demonstrado pelo modo como tratamos nosso marido. Mesmo se sentirmos isso, não devemos

parar aí, mas seguir adiante para *demonstrar* respeito. E se não o sentirmos, ainda somos ordenadas a demonstrar.

É frequente que as esposas que desrespeitam o marido são as mesmas que reclamam da falta de liderança que veem neles. Se elas ao menos pudessem ver a importância de respeitar o esposo! Respeito os equipa, encoraja, e traz grandes bênçãos para a família inteira: "A mulher virtuosa é a coroa do seu marido, mas a que procede vergonhosamente é como podridão nos seus ossos" (Pv 12.4).

As esposas subestimam o impacto que têm, para o bem e para mal. Elas não entendem que a falta de respeito destrói o marido. Quanto mais desrespeitam, mais encontram o que criticar. E logo vai parecer que não há nada de respeitável no sujeito.

Elas querem que os maridos sejam cristãos obedientes que exercem liderança piedosa e amorosa, mas se recusam a ser esposas respeitosas. "Eu vou começar a respeitá-lo quando ele começar a exercer liderança espiritual!" Mas Deus ordenou que as esposas respeitassem e honrassem o marido, sem condicionais. Ele não disse para que respeitassem o marido *se...* E sabemos que todos os mandamentos de Deus resultam em bênção quando são obedecidos.

Tenho conversado com mulheres que se sentiam amarguradas por causa das falhas que viam no marido. Também vi algumas dessas mesmas mulheres arrependidas de seus pecados e começando a respeitar o marido de uma maneira concreta. O descontentamento desapareceu e elas se tornaram novamente mulheres cristãs felizes e radiantes. Isso é incrível! A bênção que resulta da simples obediência ao mandamento de Deus é maravilhosa, independentemente de qualquer mudança da parte do marido.

Ao invés de focar nos problemas e falhas do seu marido, olhe para *aquilo que você mesma deveria fazer*. Tenho visto a transformação em mulheres que começaram a respeitar o marido, e não tenho dúvidas de que há grandes bênçãos para o esposo. Deve ser um tremendo alívio voltar para casa para encontrar uma esposa compassiva e encorajadora, ao invés de uma que é crítica, infeliz e preocupada consigo mesma. Quando as esposas se arrependem de sua desobediência e começam a obedecer aos mandamentos de Deus para o casamento, o resultado sempre são bênçãos.

Algumas vezes a esposa deve começar a respeitar seu marido por pura obediência — mesmo que não sinta isso. Mas à medida que obedece a Deus, ela também começa a ver as coisas de um modo como nunca viu. Ela percebe, digamos, que ele trabalha duro e é um bom provedor para a família. Alguém já disse sabiamente que "a obediência faz abrir os olhos".

O descontentamento cega as mulheres para as boas qualidades que o marido possui. Quando se cultiva gratidão e respeito pelo marido, a esposa encontra mais e mais coisas a respeitar. Inversamente, sem respeito e obediência, vê-se cada vez menos que respeitar.

Em *Robinson Crusoé*, Daniel Defoe escreveu: "Todos os nossos descontentamentos acerca daquilo que queremos me pareceram surgir de nossa falta de gratidão por aquilo que temos". Se as esposas simplesmente pudessem ser gratas pelo marido e demonstrar respeito por todas as coisas boas que eles possuem, elas logo parariam de murmurar e reclamar sobre as coisas que não veem neles.

A gratidão dissipa o descontentamento, e o respeito e a honra edificam o marido. Mesmo se o marido for incrédulo, 1Pedro 3.1-2 nos diz que ele pode ser vencido pelo procedimento puro e respeitoso de sua esposa. Em outras palavras, a Bíblia ensina que o comportamento da esposa tem um grande impacto sobre o marido.

Não estou tentando tornar isso demasiado simplista, dizendo que se você respeitar seu marido, todos os problemas irão acabar. Mas, francamente, a *maioria* deles vai acabar mesmo. Comece por arrepender-se perante Deus, peça que ele a capacite, e comece a admirar, honrar, e respeitar seu marido. Isso logo crescerá e se tornará uma alegria.

2.   UMA CARTA DE RESPEITO

As mulheres são práticas por natureza. Amamos o ensino prático muito mais do que o teórico; se não podemos aplicar um ensino, então qual a vantagem dele? É por isso que poucas vezes encontro mulheres que estão lendo grandes tomos teológicos, mas as vejo lendo livros práticos sobre casamento e criação de filhos. Este livro aqui é outro exemplo que prova a minha tese!

É óbvio que Deus dotou as mulheres com esse estilo "mão na massa". Podemos antecipar necessidades. Sabemos instintivamente o que uma criança doente ou assustada precisa, o que uma amiga solitária precisa, o que uma mãe atarefada precisa. Então, quando se trata de criar filhos ou de cuidar de uma casa, a maioria de nós se encontra em nosso elemento.

Mas, quando o assunto é respeitar o marido, as mulheres precisam de mais do que o simples ensino sobre a realidade de que esse é um mandamento. Precisamos saber *como*. Como devemos obedecer à ordem de respeitar? Quais as maneiras tangíveis de mostrar respeito por nosso marido?

Na seção anterior, defini respeito como "demonstrar honra ou estima por; considerar ou tratar com deferência ou cortesia; mostrar consideração por". Também destaquei que nosso respeito pode ter resultados felizes no lar. Agora, para tornar isso prático, irei sugerir algumas coisas que se devem e que não se devem fazer. Vamos começar com o que não se deve fazer. Tudo que não se deve fazer tem a ver com a língua. Provérbios 14.1 diz: "A mulher sábia edifica a sua casa, mas a insensata, com as próprias mãos, a derriba." Embora eu nunca tenha visto uma mulher literalmente derrubando sua casa, tenho visto mulheres derrubando a casa com a língua. Você quase pode ver a casa ruindo quando algumas mulheres falam. E, normalmente, estão reclamando das falhas do marido.

Esposa cristã, nunca menospreze o seu marido perante ninguém — nem perante as amigas durante um chá, nem perante seus filhos, nem perante seus pais, e, é claro, nem perante seu próprio marido. Não partilhe as fraquezas, problemas, erros, pecados, decisões equivocadas ou falhas do seu marido com ninguém. Se o fizer, você o estará desrespeitando. Ele não é perfeito, todas nós sabemos disso. Mas, quando você partilha essas coisas sem sabedoria, dois resultados sobrevêm: isso faz com que você o desrespeite ainda mais, e isso também faz com que quem lhe ouve pense menos do seu marido. Partilhar seus problemas é totalmente improdutivo a menos que você esteja falando com alguém que esteja em posição de ajudá-la (por exemplo, o seu pastor).

Nunca dê notoriedade aos erros dele. Essa é uma aplicação simples da regra de ouro. Você quer que ele partilhe as suas faltas com os amigos no trabalho? É claro que não. Provérbios 31.11-12 diz: "O coração do seu marido confia nela, e não haverá falta de ganho. Ela lhe faz bem e não mal, todos os dias da sua vida" (Pv 31.11-12). Seu marido pode tranquilamente confiar em você? Você está fazendo bem a ele? Uma língua crítica e cortante é destrutiva. "A mulher virtuosa é a coroa do seu marido, mas a que procede vergonhosamente é como podridão nos seus ossos" (Pv 12.4). Não queira ser como uma doença corroendo as forças do seu marido!

Quando um marido é abertamente criticado e desrespeitado em sua própria casa, ele pode encontrar meios de gastar cada vez menos tempo dentro dela. Alguns homens entregam-se a mais horas no trabalho, porque pelo menos no escritório eles são tratados com respeito. Finalmente, alguns podem até entrar em uma relação adúltera porque estão amargurados com a esposa e procurando em outra aquilo que precisam. Isso não é uma justificativa para a rebeldia do marido, pois ele é totalmente responsável perante Deus por seus próprios pecados. Estou é reconhecendo o importante papel que a esposa tem na vida do marido. Ela pode afastá-lo com sua língua rixosa, e ele pode achar mais confortável ficar "no canto do eirado" do que dentro de casa.

O que você deve fazer se se encontra em crítica aberta ao seu marido, falando tanto a ele como a outros? Primeiro devemos admitir que seu desrespeito é pecado contra Deus. Você está violando uma ordem explícita. Arrependa-se de seu pecado perante o Senhor. Peça perdão ao seu marido. Você pode também precisar se arrepender do seu ressentimento para com seu marido e confessar ao Senhor que você tem guardado mágoa dos erros do seu esposo. Você também pode precisar dizer a suas amigas que estava errando e traindo a confiança do seu marido ao partilhar coisas inapropriadas no estudo bíblico, na reunião de oração, ou em conversas casuais. Após ter feito alguma limpeza espiritual, você estará pronta a tomar passos concretos para respeitar e edificar seu marido.

Como começar? Você deve comunicar a ele que o respeita, e você precisa dizer por quê. Talvez você deva fazer uma lista de qualidades. O que você aprecia nele? Vamos lá, deve haver *alguma coisa* — afinal de contas, *você* casou com ele.

Se for difícil simplesmente dizer a seu marido que você o respeita, uma carta de respeito é um jeito sábio de começar. As mulheres sabem como escrever cartas de amor, mas uma carta de respeito é coisa totalmente diferente. Liste as coisas que admira nele, e certifique-se de incluir as coisas óbvias que você pode não ter dado importância. Ele é um bom provedor? Ele trabalha duro? Ele leva a família à igreja? Ele tem sido fiel para você? Ele é gentil com os pais? Ele é um bom pai? Em muitos lares cristãos, a resposta para muitas dessas questões *é sim*.

Mas, e quanto àquela mulher que tiver respondido *não* a todas essas perguntas? E agora? Se ele está em casa em frente à televisão bebendo cerveja o dia inteiro e ignorando a família, então você tem uma árdua tarefa à sua frente; mas ainda se exige que você demonstre respeito por ele. Em casos extremos, você deve simplesmente respeitá-lo em razão da posição na qual Deus o colocou, como cabeça da família, mesmo que ele seja um péssimo cabeça. Meu marido chama isso de "bater continência para o uniforme". Em outras palavras, mesmo que o homem usando o uniforme esteja fazendo um péssimo trabalho, ele ainda é digno de seu respeito simplesmente por ser o seu marido.

Aplique a regra de ouro novamente. Você quer ser amada somente quando você é amável? Então, não respeite somente quando vir algo respeitável.

Muitas mulheres podem encontrar no marido muitas coisas a serem respeitadas; elas tão somente precisam se lembrar de muitas boas qualidades para as quais não têm dado importância. Escreva a ele uma carta e deixe o amor para o final. Liste para ele todas as coisas que você aprecia e admira, mesmo que pareçam a ele triviais. Enfatize seu trabalho (ou ocupação) primeiro, e então passe às outras coisas. Concentre-se nas habilidades e conquistas dele. Os homens são muito voltados para tarefas; leve isso em conta.

Então, comece a respeitá-lo verbalmente. Diga a ele quão bom é o trabalho que ele está fazendo. Agradeça por ele se esforçar trabalhando. Agradeça por ele prover para a família. Agradeça por ele voltar para casa noite após noite. Seja grata. Deixe as crianças ouvirem você elogiá-lo. Deixe os vizinhos e seus parentes ouvirem você elogiá-lo.

Deus criou o seu marido de um modo que ele necessita de respeito, e ordenou que você fosse a principal fonte a suprir essa necessidade. À medida que você obedece a esse mandamento de Deus, você verá que um respeito obediente pelo seu marido sempre terá consequências positivas.

3.   AINDA MAIS RESPEITO!

Digamos que você tenha lido as duas seções anteriores, tenha até mesmo escrito uma carta de respeito para o seu marido, e tenha vigiado quanto ao que diz a outros sobre seu marido. E agora? Há algo mais no tocante ao respeito?

Vivemos em uma cultura que está se tornando mais e mais desrespeitosa e francamente contrária às autoridades. As crianças não respeitam seus pais. Com que frequência nós vemos episódios de desrespeito e desobediência na mercearia ou em um restaurante? Os estudantes não respeitam seus professores e diretores. Isso é notório entre os adolescentes nas escolas, mas é também evidente entre crianças mais jovens. Tenho visto crianças gritando grosserias a adultos que passam de carro ou para crianças mais velhas que passam a pé. Lembra de como você costumava olhar para as crianças mais velhas do que você?

Certamente a Bíblia não é respeitada em nossa cultura; e nem a Igreja ou os pastores são vistos com consideração. Casamento, maternidade, paternidade e família não são honrados. Nossos governantes não são respeitados. Ante o deprimente estado da reverência, honra, e respeito em nosso país, como podem as mulheres aprender a prestar respeito e honra ao marido, e como podem ensinar seus filhos a respeitar autoridades quando há tão poucos exemplos a se apontar?

A melhor coisa que podemos fazer é olhar para a Escritura e ver como mulheres piedosas do passado respeitaram seus maridos. Podemos olhar, por exemplo, para Sara, Rute e Maria, esposa de José.

Sara é mencionada em 1Pedro 3.5-6:

> Pois foi assim também que a si mesmas se ataviaram, outrora, as santas mulheres que esperavam em Deus, estando submissas a seu próprio marido, como fazia Sara, que obedeceu a Abraão, chamando-lhe senhor, da qual vós vos tornastes filhas, praticando o bem e não temendo perturbação alguma.

Pode parecer estranho para muitas mulheres modernas chamar seu marido de "senhor", mas o fato que permanece é que se queremos ser filhas de Sara, devemos imitar o respeito e a obediência que ela prestava a Abraão.

Rute é outro exemplo de mulher respeitosa e submissa que confiava em Deus. Fica claro a partir da narrativa bíblica que o respeito dela por Boás foi algo que ela levou para o casamento e não uma coisa que ele impôs sobre ela. Ela prestou respeito ao marido porque temia ao Senhor.

Maria é provavelmente meu exemplo favorito. Quando um anjo apareceu a José em sonho, os dois saíram em marcha. Esse não é somente um bom exemplo de submissão, mas é também um bom exemplo de como Deus conduz uma família por meio do marido. Cada vez que Deus desejava mudá-los de lugar, José recebia uma mensagem, e Maria o acompanhava. Pense no que isso envolvia:

> Enquanto ponderava nestas coisas, eis que lhe apareceu, em sonho, um anjo do Senhor, dizendo: José, filho de Davi, não temas receber Maria, tua mulher, porque o que nela foi gerado é do Espírito Santo. Ela dará à luz um filho e lhe porás o nome de Jesus, porque ele salvará o seu povo dos pecados deles. (...) Despertado José do sono, fez como lhe ordenara o anjo do Senhor e recebeu sua mulher (Mt 1.20-21, 24).

Essa passagem nos ensina que Deus mudou José, Maria, e seu Filho por meio da obediência de José, e da submissão de Maria a José. Ela obviamente reconhecia em seu marido um líder apontado por Deus, e o respeitava:

> Tendo Herodes morrido, eis que um anjo do Senhor apareceu em sonho a José, no Egito, e disse-lhe: Dispõe-te, toma o menino e sua mãe e vai para a terra de Israel; porque já morreram os que atentavam contra a vida do menino. Dispôs-se ele, tomou o menino e sua mãe e regressou para a terra de Israel (Mt 2.19-21).

Muito me chama a atenção o fato de que Deus não escolheu Maria como indivíduo isolado para carregar seu Filho, mas Maria enquanto desposada por José. Este deve ter sido um homem muito piedoso, pois Deus o escolheu para ser o pai terreno de Jesus e o esposo e cabeça da mãe de Cristo. Deus confiou seu Filho aos cuidados de José. Ora, Maria podia ter questionado as decisões de José, mas ela não o fez. Imagine seu marido acordando você durante a noite e te dizendo para embalar rapidamente as coisas porque vocês vão se mudar para outro país! Quão obediente e submissa você seria? Quando foram a Belém, eles o fizeram porque Deus tinha ordenado que seu Filho nasceria em Belém. Isso havia sido profetizado centenas de anos antes (Mc 5.2). Deus cumpriu seus propósitos por meio desse homem piedoso que governava sua própria família.

Deus entregou ao pai a responsabilidade pela família. A esposa deve, portanto, esperar receber sabedoria do seu marido. Deus irá liderar a família por meio do marido, tal como liderou Maria e seu Filho através da obediência de José. Quando uma esposa entende esse princípio bíblico da liderança familiar, isso pode ser bastante libertador.

Quando falo com uma mulher sobre um problema ou uma dúvida, normalmente procuro saber se ela já perguntou ao marido antes. Em muitos casos ela não o fez. Isso faz muita diferença no modo como a aconselho. Não quero aconselhá-la de um modo que ignore a liderança do marido dela. Ela precisa ir a ele e ver se ele quer que ela fale comigo em primeiro lugar. Talvez ele prefira que não. Deus honrará esse tipo de respeito.

Porque o marido é responsável pelas decisões da família, a esposa deve manter uma atitude de respeito e submissão na comunicação. Você deve honrar seu marido. Ele não é uma das crianças ou o seu irmão mais novo! Leve a sério essa responsabilidade, e ele também começará a fazê-lo. Conte a ele o que pensa, peça seu parecer e conselho, e então ore por ele. Isso irá libertá-lo para ser o homem que Deus quer que ele seja, e o homem que você quer que ele seja.

Quando as mulheres amam a Deus e ao marido de um modo bíblico, os homens que têm relutado em liderar começam a sentir o peso da responsabilidade que têm sobre si. Quando a esposa toma a responsabilidade para si, o marido não necessariamente sente a necessidade de cumprir suas obrigações. E as mulheres, no fim das contas, não querem realmente essa responsabilidade. E muito menos você irá querer, se for uma filha de Sara.

4.   FILHAS DE SARA

> Pois foi assim também que a si mesmas se ataviaram, outrora, as santas mulheres que esperavam em Deus, estando submissas a seu próprio marido, como fazia Sara, que obedeceu a Abraão, chamando-lhe senhor, da qual vós vos tornastes filhas, praticando o bem e não temendo perturbação alguma (1Pe 3.5-6).

O contexto dessa maravilhosa passagem é a exortação de Pedro para que as esposas sejam submissas, castas e interiormente bonitas por meio de um "espírito manso e tranquilo" (1Pe 3.4). Podemos ser muito gratas a Deus por sua bondade em dizer aos seus servos que incluíssem direções específicas para as esposas. Deus entende nossa condição; ele fala diretamente às nossas necessidades e fraquezas. Aqui, em 1Pedro, temos muito ensino em poucos versos. Pedro liga nossa beleza à pessoa interior, do coração, e nos diz que Deus considera precioso um espírito manso e tranquilo. É desse modo que devemos nos "adornar"; devemos confiar em Deus (v. 5), ser submissas ao nosso próprio marido (v. 5), fazer o bem (v. 6) e não temer perturbação alguma (v. 6). Esses quatro imperativos são importantes não só individualmente, mas parecem estar ligados.

As mulheres santas nos tempos passados confiavam em Deus. E o que isso significa? Confiar em Deus é se apoiar e descansar nele: "Confia no SENHOR de todo o teu coração e não te estribes no teu próprio entendimento. Reconhece-o em todos os teus caminhos, e ele endireitará as tuas veredas" (Pv 3.5-6). Quando confiamos em Deus, deixamos de confiar em nós mesmos; deixamos de nos apoiar na sabedoria mundana. Uma mulher que confia em Deus consegue reconhecer que todas as coisas estão debaixo do controle divino. Um coração que confia em Deus é um coração que está em submissão a Deus. Essa confiança se baseia no caráter de Deus. Podemos confiar nele porque sabemos que ele é o autor e o consumador da nossa fé (Hb 12.2), e porque sabemos que nossa justificação repousa tão só e completamente na obra completa de Jesus Cristo. Quando confiamos em Deus, reconhecemos que "todas as coisas cooperam para o bem daqueles que amam a Deus" (Rm 8.28).

Uma mulher que confia em Deus é capaz de se submeter a seu marido. Por quê? Porque Deus está no controle de todas as coisas, inclusive de seu marido. Uma mulher que confia em Deus quer agradar a Deus. O Senhor ordenou a submissão: "Porque este é o amor de Deus: que guardemos os seus mandamentos; ora, os seus mandamentos não são penosos" (1Jo 5.3). A confiança em Deus nos liberta para obedecer a ele sem remorso ou medo. Onde há medo, não há confiança. A mulher pode submeter-se ao marido, mesmo quando pensa que ele está errado, porque sabe que um Deus soberano governa tudo de acordo com seu propósito eterno. Considere o que José disse a seus irmãos quando os reencontrou: "Vós, na verdade, intentastes o mal contra mim; porém Deus o tornou em bem, para fazer, como vedes agora, que se conserve muita gente em vida" (Gn 50.20). A mulher não deve se submeter ao marido apenas se ele não cometer nenhum erro. Ela se submete porque sabe que Deus não comete erros!

Dentro desse contexto de confiança e submissão, a mulher tem a possibilidade de fazer o bem. As mulheres podem fazer o bem de incontáveis maneiras, e Paulo nos mostra vários exemplos. Criar filhos está no topo da lista em 1Timóteo 5.10. Obviamente, a mulher que confia em Deus e se submete a seu marido estará mais equipada para criar seus filhos fielmente do que aquela que não confia em

Deus. Pessoalmente, agradeço a Deus por olhar para o meu trabalho na criação de filhos como um meio de "fazer o bem". Sou grata por ele santificar até mesmo aquela que aparentemente é uma tarefa tão mundana. 1Timóteo também menciona hospedar estrangeiros e lavar os pés dos santos como outro modo de fazer o bem. Isso significa que toda a nossa hospitalidade pode agradar a Deus, seja ela estendida aos de dentro ou aos de fora da igreja. Finalmente, o apóstolo menciona o socorro aos atribulados. Esse tópico geral pode abarcar todos os tipos de serviço.

Perceba a ordem dessas boas ações. Nossos filhos vêm primeiro. Depois a hospitalidade. Então o socorro ao aflito. A esposa não tem de sair de seu domínio para "fazer o bem". O lar é o centro de suas atividades, e tais atividades podem e devem ser agradáveis a Deus.

Pedro ordena as mulheres a que confiem em Deus, submetam-se ao marido, e façam o bem, para que nada temam. Os três primeiros requisitos são muito importantes. Confiar em Deus é uma grande proteção contra o medo porque vemos que Deus tem completo controle de nossa vida. Quanto mais uma mulher estuda a Palavra e passa a entender o caráter de Deus, mais fácil se torna confiar nele. A submissão liberta a mulher de muitos temores quando é exercida numa atmosfera de fé e confiança em Deus. Reconhecer que o marido é responsável por suas próprias decisões pode libertar a esposa da ansiedade. Cumprir seus próprios deveres, fazer o bem dentro e a partir do lar, é outra proteção contra temores irracionais. A mulher que está ocupada em casa não é presa fácil de sombras e terrores. Em nossa sociedade moderna, as mulheres geralmente aprendem com os meios de comunicação que devem temer. Somos regularmente abarrotadas com estatísticas sobre as mulheres — quantas morrem de câncer de mama a cada ano, quantas padecem durante a menopausa, quantas perdem o marido para outras mulheres, quantas são assaltadas, quantas morrem em acidentes de carro, etc. E caso isso não seja suficiente, podemos temer pelos nossos filhos — quantos são sequestrados, contraem doenças raras, e assim por diante. Isso é preparação para o medo, temor e ansiedade. Coisas ruins acontecem no mundo? É claro que sim. Mas cremos ou não que Deus está no controle?

As fobias recebem denominações clínicas elegantes ao invés de simplesmente serem chamadas de pecado. Cedemos aos temores ao invés de lidar com eles biblicamente. Como mulheres cristãs, precisamos responder biblicamente, não emocionalmente. Podemos nos assustar com muitas coisas que podem levar ao medo. O medo destrói o espírito manso e tranquilo que é tão precioso aos olhos de Deus. Todos nós somos vulneráveis em diferentes áreas, mas não estamos sem o Salvador, Cristo nosso Senhor. A mulher que confia em Deus pode descansar em sua submissão ao marido e pode fazer o bem em seu chamado como esposa e mãe. Isso a põe em uma posição de força, a capacita de ser como Sara, que não temia "perturbação alguma".

5.   SEU SUTIÃ ESTÁ APARECENDO

Já aconteceu com todas nós ou pelo menos já vimos acontecer. Alguém nos dá aquele olhar que diz: "Seu sutiã está aparecendo". E você trata de encobri-lo.

Essa parece uma metáfora apropriada para descrever certos tipos de condutas inconvenientes que, tal como o seu sutiã, você não quer que sejam vistas publicamente. Ali está você com um grupo de mulheres quando você diz algo que revela uma atitude de insubmissão ou desrespeito para com o seu marido, ou você simplesmente deixa escapar uma informação que realmente deveria ter permanecido privada, entre você e o seu marido. Se apenas a sua melhor amiga ou a sua mãe perceberam, menos mal. Você pode "encobrir" sua atitude, confessar sua falta de discrição. Mas, e se você alardeou a informação à vista de toda a igreja? Os resultados podem ser humilhantes.

Do que estamos falando exatamente? Isso pode se aplicar a muitas coisas, mas a ideia geral é essa: algumas coisas privadas que não devem ser partilhadas acabam sendo ditas publicamente. Obviamente, isso pode abarcar uma série de tópicos e varia de uma mulher para outra. Vamos considerar uns poucos exemplos.

Seu marido quer que você eduque em casa seu filho de cinco anos. Você não tem certeza se será capaz, e disse isso a ele. Ele ainda quer que você o faça e disse que dirigirá o plano de estudos e será responsável pelos resultados. Então você fica agitada e pede as amigas que orem por você, porque, segundo você conta, ele não entende o quanto você já está ocupada com os três outros que estão em idade pré-escolar e o próximo a caminho. Ele não entende o quanto isso é difícil, você diz a elas, pedindo por oração. Seu sutiã está à mostra.

Você tem duas crianças adoráveis. Seu marido quer ter mais duas. Você diz às amigas que é fácil para ele querer isso porque não é ele quem engravida, e não tem que se preocupar com eles o dia inteiro. Ele não tem noção do que aquilo significa. Seu sutiã está à mostra.

Você tem quatro crianças adoráveis. E descobre que está grávida! Você faz questão de dizer, enquanto conta a notícia a todos, que esse não foi planejado, insinuando que você tem o senso de que não deveria planejar outro bebê. Seu sutiã está à mostra.

Suas contas estão apertadas; de fato, você está em dificuldade financeira real. Você conta às amigas durante um chá o quão difícil é e como você tentou dizer a seu esposo que não comprasse aquele carro novo, mas ele não te ouviu. Seu sutiã está à mostra.

Uma coisa que cada um desses exemplos tem em comum é o espírito de murmuração. E, não coincidentemente, o marido figurando como o ruim em cada exemplo. Tinha de ser assim. Quando as coisas não estão bem amarradas em casa, um pequeno descontentamento ou qualquer queixume pode vazar.

Certa vez uma mulher me disse que seu casamento estava com problemas e me perguntou se eu poderia aconselhá-la. Perguntei se o marido dela sabia que ela tinha me procurado. Não, ela disse. Então disse a ela que pedisse a permissão dele primeiro e depois voltasse. Ela me chamou outra vez; ele havia dito *não*. Encorajei aquela mulher a honrar o esposo como cabeça e confiar que Deus proveria alguém que o marido dela aprovasse para ajudá-la. Esse foi um caso de sutiã ajustado.

Estou dizendo que as mulheres nunca podem partilhar seus problemas? Sim e não. A esposa deve partilhar seus problemas com a permissão do marido, de um modo que honre tanto a Deus e a ele. Vamos recapitular os cenários descritos anteriormente.

Seu marido quer que você eduque em casa o seu filho de cinco anos. Você não tem certeza se vai ser capaz, e diz isso a ele. Ele ainda quer que você o faça, e diz que irá dirigir o plano de estudos e ser responsável pelos resultados. Então você fica agitada e pede a umas duas amigas que orem, dizendo a elas quão privilegiada você é por ter um esposo que irá liderá-la e encorajá-la. Seu marido a encoraja a obter ideias e sugestões com Maria, que já educa os filhos em casa há muitos anos.

Você tem duas crianças adoráveis. Seu marido quer mais duas. Você não diz uma palavra sobre isso a suas amigas até concordar com ele. Você diz a seu marido que quer estar de acordo, mas que ainda não está pronta emocionalmente. Você pede que ele a ensine, que, por for favor, a relembre das coisas que você já sabe (i.e., como os filhos são bênçãos), e a ajude a ajustar-se a ele. Então, quando você está disposta, já não há mais necessidade de dizer a ninguém.

Você tem quatro crianças adoráveis. E descobre que está grávida. Você está surpresa! Agradece a Deus por essa bênção. Você refaz os seus planos para os próximos nove meses e busca graça para receber essa preciosa criança que irá chegar. Então quando as pessoas perguntam com o olho arregalado: "você estava planejando este?" (como se aquilo fosse da conta deles) você pode confiante e alegremente responder: "É claro! Deus planeja cada criança, não é mesmo?"

Suas contas estão apertadas. Você confessa sua ansiedade a seu marido e ao Senhor. Resolve confiar em Deus, orar pelo seu marido, e orar por paciência. Enquanto isso, você demonstra um espírito corajoso e um rosto alegre para sua família, e uma habilidosa criatividade na cozinha. "Descobri um novo jeito de fazer feijão!" Você economiza e pensa em formas criativas de respeitar seu marido.

Isso é minimizar as dificuldades reais? Estou presumindo que as mães cristãs que educam os filhos em casa são supermães? Não. Mas Deus é fiel. Ele honra a obediência. Perdoa o nosso pecado. Ele nunca disse que seria fácil. Pelo contrário: "tende por motivo de toda alegria o passardes por várias provações" (Tg 1.2), e "alegrai-vos sempre no Senhor" (Fp 4.4).

Se o seu sutiã está aparecendo, deixe que o seu marido lhe faça ver isto na intimidade do seu lar (ou uma amiga amável, que tenha tato), antes de entrar pela porta da igreja. Não apareça em público com seu sutiã à mostra.

6.   RESPEITAR QUANDO FOR DIFÍCIL

A esposa respeite ao marido (Ef 5.33b).

Qual a mosca morta faz o unguento do perfumador exalar mau cheiro, assim é para a sabedoria e a honra um pouco de estultícia (Ec 10.1).

As esposas são ordenadas a que respeitem ao marido. Os maridos não receberam a ordem de certificar-se de que estão sendo respeitados pela esposa. O mandamento é dirigido às esposas em si. Certamente isso não significa que a conduta da esposa referente ao respeito está fora da jurisdição do marido; mas é que a ordem de Paulo é elaborada de tal modo a fazer com que a responsabilidade recaia sobre a própria esposa. Ele diz, em outras palavras, para que ela se certifique de estar fazendo isto. A esposa deve ver se está ou não cumprindo esse dever. As mulheres cuidam para que a roupa esteja lavada, as refeições preparadas, as crianças limpas, e incontáveis outras tarefas sejam feitas, mas são igualmente diligentes em ver se respeitam ao marido?

Respeito é um comportamento que deve caracterizar as esposas em toda a sua conduta para com o marido e em toda a sua comunicação com ou sobre o marido — isso significa cortesia no lar, onde o marido é tratado com honra. Resquícios de tal honra advindos de uma era anterior são a nossa tradição de que o pai senta na cabeceira da mesa, e destrincha a carne, o pai tem sua cadeira de balanço, o pai dirige a oração com a família na refeição, e o pai dirige o carro nas viagens da família. Esses são aspectos que julgamos culturais, mas que vêm do tempo em que todos sabiam e entendiam que o pai era o cabeça da casa. As esposas cristãs devem mostrar respeito ao tratar o marido com honra e cortesia enquanto ele exerce seu papel de cabeça da família. Elas devem também mostrar respeito em muitas coisas pequenas, demonstrando que respeitam o marido e o papel que ele recebeu de Deus. Isso pode significar atender prontamente quando seu marido lhe pede algo, ao invés de deixar aquilo para o fim da lista de tarefas. Isso pode incluir tudo, desde o planejamento do jantar, a forma como você o cumprimenta, e a xícara de café que faz para ele. Esse tipo de respeito é simplesmente uma cortesia que brota da gratidão e amor.

Respeito na comunicação inclui o modo como as esposas falam com e sobre o marido. Esse tipo de respeito também se demonstra no dia a dia. Quando a esposa fala ao marido, ela não deve falar como se estivesse falando com uma das crianças. Seu tom de voz deve ser cortês e afável, e não crítico, mordaz ou irreverente. Da mesma forma, quando suas amigas a ouvem falar do marido, elas devem perceber que "a instrução da bondade está em sua língua", ao invés de rixas e murmúrios. Ao invés de partilhar as fraquezas, faltas ou problemas do marido, ela deve falar sobre ele de um modo amável, dizendo coisas que poderiam agradá-lo ao ouvir. Considere Provérbios 31.12: "Ela lhe faz bem e não mal, todos os dias da sua vida." Esse marido recebe bênçãos diárias de sua esposa. "O coração do seu marido confia nela, e não haverá falta de ganho" (Pv 31.11). Novamente, esse marido confia no caráter da esposa; ela nada lhe faz que não seja o bem. Ele sabe que ela não está contando a outros coisas que não deveria contar. Seu coração está seguro com ela. Ela é confiável. Esse é um marido abençoado porque tem uma esposa respeitável, cortês e afável que, com amor, põe os interesses do marido acima dos seus. Que marido não seria grato por uma esposa como essa? De fato, o marido em Provérbios louva sua esposa, pois ela é fonte de tremendas bênçãos para a família inteira.

Essa é de fato uma imagem adorável. Mas nem todos os maridos são tão fáceis de respeitar o tempo todo. Circunstâncias difíceis podem surgir, e a esposa cristã fiel pode considerar um desafio respeitar o marido. Considere a citação de Eclesiastes no início desta seção. Quando um homem que é respeitável age de forma tola, isso exala mau cheiro. A Escritura não nega que uma conduta estúpida é algo indigno para um homem. É de fato podridão. O que uma esposa deve fazer quando seu marido está agindo de tal maneira, e todo mundo vê que aquilo é tolice? Talvez o mau cheiro já tenha se espalhado. Como uma mulher cristã pode prestar respeito em tais circunstâncias?

A tolice pode incluir irresponsabilidade financeira, preguiça, comentários descabidos, comportamento impensado, decisões tolas, ou infidelidade em muitas áreas. A Escritura fala claramente sobre o pecado e não exige que as esposas finjam que o marido não agiu de maneira tola quando ele de fato o fez. As esposas devem ver a tolice do marido do mesmo modo que a Escritura o faz — como algo que cheira mal. Entretanto, o respeito ainda é exigido das esposas; esse não é um mandamento condicional.

A esposa pode falar ao marido sobre esse comportamento. Ela pode pedir para que ele considere o que está fazendo e encorajá-lo a pôr as coisas no lugar fazendo a restituição devida. Pode fazer isso e ainda cumprir seus deveres de respeito e submissão, particularmente se ela fizer de modo amável e não tiver um comportamento rancoroso ou ressentido. Se ele persistir em sua tolice, ela pode precisar falar com o pastor ou com os presbíteros sobre a situação. Isso não é desrespeitoso se for feito com a atitude e o comportamento adequados. Talvez a disciplina da igreja seja necessária, e os presbíteros não estejam a par do comportamento dele. É certo que a esposa pode fazer a coisa certa da maneira errada. Por exemplo, mesmo devendo procurar o pastor e presbíteros, ela deve guardar sua língua e se expressar sobre o marido de uma maneira respeitosa. Muitas vezes as mulheres não se preocupam em contar às amigas sobre uma situação que jamais sonhariam em dizer ao pastor. Isso é uma inversão. Enquanto os presbíteros podem fazer algo a respeito, a amiga provavelmente não tem condições de fazer nada. Pode ser desrespeitoso contar o caso às amigas, mas pode ser simplesmente um ato de respeito ao marido quando a esposa busca a autoridade apropriada.

Não estou recomendando que as esposas chamem os pastores a cada deslize do marido. A mulher que fizer isso logo ouvirá do pastor que ela é que precisa ser tratada. Estou aqui meramente destacando que Deus estabeleceu uma ordem de comando. Se uma mulher apelou ao marido sobre uma área na qual ele está sendo desobediente e se recusa a atender, pode ser papel dela convocar o pastor ou presbíteros. Isso não é ser dedo-duro quando feito de maneira apropriada e respeitosa. É meramente respeitar quando for difícil. Lembre-se de que respeito e submissão não é o que seu marido requer de você, mas sim o que Deus requer de você.

7. RESPEITO E FINANÇAS

O que atenta para o ensino acha o bem, e o que confia no SENHOR, esse é feliz (Pv 16.20).

Toda palavra de Deus é pura; ele é escudo para os que nele confiam (Pv 30.5).

Sua confiança, fé, esperança e certeza devem estar no Senhor. Você deve confiar em Deus. As mulheres que seguem o padrão bíblico de submissão e respeito sem confiar em Deus estão simplesmente sacralizando a manipulação.

Como é essa confiança? Você apresenta seu marido a Deus e pede que o Senhor o mude. Você deve reconhecer que só Deus pode efetuar uma mudança em seu marido. É certo que você pode ser usada como um meio, uma ferramenta para trazer mudança, mas somente se você estiver em submissão a Deus e aos seus mandamentos. Isso deve nos trazer grande humildade, à medida que reconhecemos que não depende de nós. Seu trabalho é ser uma serva humilde e disposta, reconhecer que Deus está agindo, e que fará cumprir sua vontade, usando os meios que ele mesmo designou. Isso deve encorajar você a orar por seu marido, em vez de importuná-lo.

Ao invés de sentir compaixão de si mesma, agradeça a Deus por ter um esposo. Agradeça porque o Senhor está agindo para fazer do modo como o agrada. Agradeça a ele pela oportunidade que você tem de aplicar seu cristianismo, de viver sua crença de um modo prático. Você pode ser movida não somente à oração, mas à humildade, obediência, confiança e fé.

Não busque resultados instantâneos. Algumas vezes Deus traz mudanças instantâneas, enquanto noutras o processo é demorado. Ser submissa a Deus significa que você não tem outra expectativa específica que não a bondade e a glória de Deus. Assim, espere grandes coisas, mas não determine de antemão exatamente quais são essas grandes coisas. Deus é que sabe, e você deve ser paciente.

Quando se sentir tentada a criticar o seu marido (e isso vai acontecer), quando você sentir muita vontade de "dar o que ele merece", ore pedindo amor: "O ódio excita contendas, mas o amor cobre todas as transgressões" (Pv 10.12). Volte-se para o Senhor em busca de conforto, força e *silêncio*!

Quando achar que o seu marido está agindo de forma tola ou não muito sábia, vá para outro quarto se necessário e peça a Deus que lhe dê graça para não dar um sermão nele. Se ele pedir, então, de modo gentil e respeitoso, dê a ele a sua opinião, estando consciente de suas próprias faltas e pecados. Você é melhor do que ele? Se não fosse por Deus, onde você estaria agora? Tudo isso é mais combustível para a oração.

Se ele tomar uma decisão da qual você discorda, você é chamada a se submeter. Faça isso perante Deus e humildemente peça a proteção do Senhor: "Torre forte é o nome do Senhor, à qual o justo se acolhe e está seguro" (Pv 18.10).

Agora quero tratar de uma área específica na qual as mulheres têm problemas em se submeter. O que dizer se o seu marido falha em ser o seu provedor? E se você se encontrar atolada em dívidas, e ele não traz para casa um salário adequado? Há muitas tentações que você precisa evitar nesta situação.

Primeiro, não busque protegê-lo das consequências de sua tolice. Muito embora você possa pedir que o Senhor o "desperte", muitas esposas não querem que o Senhor seja duro demais com o marido. Queremos arrefecer a pancada, amortecer as dificuldades, ou assumir nós mesmas algumas das responsabilidades. Mas isso irá somente aprofundar o problema. Permita que as consequências recaiam sobre os ombros dele, não importa quão difícil seja para você assistir a isso. Certamente não estou sugerindo que você sinta um deleite mórbido em ver seu marido passar por situações difíceis. É claro que você deve ser um apoio, auxílio e fonte de encorajamento. Mas isso é completamente diferente de tentar assumir responsabilidades que não são suas. A esposa sempre sofre quando tenta carregar as responsabilidades que seu marido deveria estar carregando. Obviamente, quando a fuga de responsabilidades por parte do esposo chega ao ponto da deserção, a esposa deve assumir muitas responsabilidades financeiras que ela realmente não escolheu.

Então, o que fazer? Quando o cobrador ligar, passe o telefone para o seu esposo. Mas faça isso de modo respeitoso, orando para que Deus use isso para trazer mudança. Quando houver contas em atraso, busque saber com seu marido o que deve fazer — quer ele tenha ou não como pagar. É claro que isso deve ser feito sem simulação, sem qualquer pontinha de condenação em sua voz. Desista de debater, de tentar levantar fundos para cumprir prazos. A responsabilidade é dele.

Você chegou a chamar seus pais e pedir um empréstimo? Se alguém tem de fazer isso deve ser ele, não você. Você está tentando arranjar um serviço extra para que possa manter a casa, o carro, a casa de praia? Geralmente as mulheres conseguem empregos para "quebrar um galho", pensando que vai ser apenas um período. As crianças são terceirizadas porque "é só até nós pagarmos o carro". Mas então, quando o carro está pago, há algo mais. E, quando percebe, você já está trabalhando fora de casa o dia inteiro, as crianças estão por conta própria, e você ainda está em dívidas. Então, fica ainda mais difícil desistir — quem vai pagar as contas? Você precisa deixar isso, voltar para casa, e cuidar das crianças.

"Mas meu esposo quer que eu trabalhe", você pode dizer. Eu já ouvi isso antes, quando, na verdade, o marido queria muito que a esposa voltasse para casa, e era ela quem estava resistindo.

Pode ser que você ache isso muito duro. Você pode simplesmente consolar-se dizendo: "Essa mulher não conhece a *minha* situação". Mas Paulo tem essa palavra para você: "Digo isto, não por causa da pobreza, porque aprendi a viver contente em toda e qualquer situação. Tanto sei estar humilhado como também ser honrado; de tudo e em todas as circunstâncias, já tenho experiência, tanto de fartura como de fome; assim de abundância como de escassez; tudo posso naquele que me fortalece" (Fp 4.11-13). O contexto dessa passagem no final da carta aos Filipenses mostra que se trata de uma discussão sobre finanças.

Então, não pense que a sua felicidade depende de como vai o seu marido, ou em quanto bem material vocês possuem. Sua felicidade e alegria repousam somente em Cristo. Se você está confiando nele, ele a guardará segura.

8.   SEM PALAVRA ALGUMA

> Mulheres, sede vós, igualmente, submissas a vosso próprio marido, para que, se ele ainda não obedece à palavra, seja ganho, sem palavra alguma, por meio do procedimento de sua esposa, ao observar o vosso honesto comportamento cheio de temor (1Pe 3.1-2).

Essa seção é dirigida às mulheres que estão na difícil situação de serem casadas com um homem que não obedece à Palavra. Estou falando para mulheres que não podem buscar no marido instrução e conselho espiritual porque eles são incrédulos ou cristãos relapsos. Não é maravilhoso que Deus inclua em sua Palavra uma exortação especial às mulheres que se encontram nessa situação específica? Sempre houve mulheres que estiveram casadas com homens que "não obedecem à palavra". Esse tipo de situação não é nova.

A primeira coisa óbvia sobre esses versos de 1Pedro é que as esposas devem ser submissas a despeito da situação espiritual do marido. *Sede submissas.* Embora nenhuma autoridade humana seja absoluta, o mandamento aqui não apresenta condicionais. Perceba primeiro que a submissão é dirigida a seu *próprio* marido. Algumas vezes, mulheres cujos maridos não obedecem à Palavra podem ser tentadas a uma relação de submissão com alguém que seja mais espiritual. Isso é desobediência e algo perigoso! Seja submissa ao seu próprio marido, e não ao marido de sua amiga, ao pastor ou a um conselheiro. Embora devamos ser submissas aos presbíteros na igreja (de modo coletivo), tal submissão não é igual a que você presta ao seu marido como seu cabeça.

Se você está buscando por um "cabeça" além do que você já tem, *você está em um relacionamento espiritualmente adúltero* e precisa se arrepender imediatamente. Estar buscando por outro cabeça certamente não vai ajudar no seu relacionamento com seu marido.

Algumas vezes pode ser necessário outro nível de arrependimento. Você sabia que ele não era cristão quando decidiu casar com ele? Sabia que ele não iria poder liderá-la espiritualmente quando estava casando? Você pensou que poderia mudá-lo quando ele fosse seu marido? Você precisa fazer um autoexame nesse ponto e se arrepender perante o Senhor por ter se casado com alguém que ele proibiu que você casasse. "Não vos ponhais em jugo desigual com os incrédulos; porquanto que sociedade pode haver entre a justiça e a iniquidade? Ou que comunhão, da luz com as trevas?" (2Co 6.14). Obviamente, se você também ainda não era uma cristã, você deve se lembrar de agradecer a Deus por ele ter lhe alcançado na situação em que você estava. (E se você pecou ao contrair matrimônio, sabia que o divórcio *não* é o jeito de endireitar as coisas).

Há alguns outros obstáculos a sua submissão. Um é a autocomiseração. Você deve parar de ter compaixão de si mesma e de reclamar em voz alta, ou simplesmente no íntimo, sobre sua falta de liderança espiritual. Resmungos e lamentações são inimigos da submissão. Não foque nas falhas e deslizes do seu esposo, e pare de compará-lo com o marido das outras. Isso apenas alimenta o seu descontentamento e autopiedade. Ao invés disso, seja grata a Deus por seu marido e comece a focar nas boas qualidades que ele possui, mesmo que não sejam as que você gostaria que ele tivesse.

Perceba nos versos um e dois de 1Pedro 3 que o que vence um marido desobediente é a conduta de sua esposa. A conduta dela é descrita como honesto e respeitoso (cheio de temor). Em outras palavras, o que vencerá seu marido será seu comportamento piedoso e humilde. Agora pense por um minuto sobre o seu comportamento, e pergunte a si mesma se você tem agido de um modo que ganhará o seu marido. Ele pode ver a sua constante bondade? Não estou perguntando se ele vê você lendo a Bíblia ou livros cristãos, ou indo à igreja e estudos bíblicos.

Essa prescrição de comportamento submisso não se aplica somente às esposas que estão casadas com maridos desobedientes; também serve para as mulheres que têm marido piedoso e que exerce liderança espiritual no lar. Todas as esposas precisam regularmente de uma boa dose de 1Pedro 3!

Não podemos deixar essa passagem sem gastar um pouco de tempo com a expressão "sem palavra alguma". É difícil para as mulheres fazerem alguma coisa em silêncio, e principalmente se isso envolver transformar o marido. Mas é muito importante que você não importune o seu esposo. Não há problema em pedir para ele fazer devocionais diárias com a família, mas não fique insistindo. Concentre-se no seu próprio comportamento, não no dele. Você pode ler a Bíblia por si, e pode também ler para as crianças enquanto ele está ocupado com outras coisas. Você pode alegremente ler e estudar por conta própria, sempre que ele não ache que isso está roubando o tempo da casa. Em outras palavras, não o deixe sozinho no final de semana para ir a um retiro de mulheres, a menos que seja algo que ele realmente queira. Você foi projetada por Deus para ser auxiliadora do seu marido, e não pode auxiliá-lo se não estiver ao lado dele.

Ficar exibindo sua espiritualidade não é ficar em silêncio. ("Espero que ele veja que pelo menos estou fazendo minha leitura bíblica, mesmo que ele não faça a dele") O que ele precisa ver é sua atitude doce e cortês, e não quantos livros você está lendo ou a quantas reuniões de oração você vai durante a semana. Deixe os resultados com Deus. Isso não é uma fórmula para "ganhar seu marido para Cristo em três passos simples". Você deve ser obediente a Deus a despeito dos resultados. Os resultados são responsabilidade de Deus, não sua.

CAPÍTULO 4

PRINCÍPIOS E MÉTODOS

1. SEJA PACÍFICA

As mulheres que desejam ter paz com outras mulheres devem entender a diferença essencial entre princípios e métodos. Um dicionário define *princípio* como "uma regra básica, lei geral, ou doutrina usada como base de compreensão ou guia para ações ou comportamento". Uma mulher cristã deve aprender a pensar biblicamente; ela deve derivar os princípios básicos de seu modo de viver a partir da Palavra de Deus. O mundo nos pressiona intensamente com seus princípios a respeito do casamento e criação de filhos. Mas, se aprendermos a pensar como cristãs, podemos discernir entre princípios cristãos e princípios mundanos.

Um *método*, em contraste, é "um procedimento ou modo de fazer algo". Em outras palavras, nós usamos métodos para aplicar nossos princípios. Por exemplo, considere este sadio princípio materno: todas as mães cristãs devem alimentar seus bebês. Esse princípio pode facilmente ser provado na Escritura, e poucas pessoas—se é que alguma — questionarão um princípio tão fundamental. Contudo, a despeito da concordância geral sobre esse ou outro princípio relacionado, há muita discordância sobre o método de aplicar esse preceito tão simples. Algumas mulheres amamentam seus filhos; outras dão mamadeira. E, é claro, há a questão da alimentação com hora marcada ou não, quando desmamar um bebê, e assim por diante.

Dentro de uma comunidade cristã, as famílias certamente irão partilhar muitos princípios comuns, mas seus métodos irão variar. Algumas vezes a fidelidade a um método chega ao ponto de gerar confusão e controvérsia, pois o método de alimentar o bebê pode começar a se tornar maior e mais importante do que o princípio de que os bebês devem ser alimentados. De repente, começa a haver pressão para convencer mulheres a se juntarem a um grupo e apoiarem um método específico.

É óbvio que esse não é um argumento para provar que todos os métodos são igual — pois não são. Alguns métodos são inferiores a outros. Antes, a questão aqui é que os métodos dos outros simplesmente não são da nossa conta. Se uma amiga pede conselho quanto a um método, é claro que podemos dar conselho. Mas, quando partilhamos um método, devemos nos lembrar de que não estamos em uma batalha moral.

As cristãs jovens são particularmente vulneráveis a esse tipo de pressão equivocada. Quando as irmãs se juntam, é natural que conversem sobre filhos. Isso pode dar a uma que é zelosa demais a oportunidade de exercer pressão. Se as mulheres jovens sentem que não possuem experiência, uma mulher com uma forte defesa do seu método pode exercer grande influência. A jovem mulher cristã pode sentir que não é realmente dedicada a menos que adote "o método".

Como cada família constitui uma unidade cultural distinta, é bom que nossos métodos difiram. Deus não quer que caminhemos alinhados com os outros como em uma formação militar. E isso também se aplica quando algumas famílias têm métodos inferiores; podemos considerar que o método deles não é sábio. E, lembre-se de que há outros, mais sábios do que nós, que veem a inferioridade de alguns de nossos métodos! Devemos nos alegrar no compromisso comum que temos com os princípios bíblicos e com a variedade de métodos que o povo de Deus emprega.

Se nos tornarmos excessivamente zelosos com a conformidade a nosso método, o resultado normalmente é conflito entre os cristãos. Cheguei a tratar com mulheres que, por causa de suas fortes convicções a respeito do modo como se deve alimentar um bebê, passaram a fazer críticas àquelas irmãs que usavam um método diferente. Isso não deveria acontecer! "Vivei em paz uns com os outros" (1Ts 5.13). Certamente as mulheres da igreja não devem entrar em rixas a respeito de quantas em quantas horas um bebê deve ser alimentado! A quem isso interessa? O que alguém faz nesse assunto particular não é da conta de ninguém. Não é uma questão moral, e não temos razão para disputar a esse respeito.

Outro exemplo dessa distinção crucial entre princípio e método diz respeito a educação. Os cristãos devem concordar com o princípio bíblico de que os pais são responsáveis perante Deus pela educação de seus filhos. Ora, se uma família escolhe educar os filhos em casa e outra decide matriculá-los em uma escola cristã, esse assunto não deve despertar paixão em nós. Se ficarmos na defensiva com nosso método predileto de educação, deixamos de lado o primeiro ponto do princípio de que os pais são responsáveis pela educação de seus filhos; eles não são responsáveis pelos filhos dos seus amigos. Não honramos a Deus sendo críticos ou agindo em defesa. Como nossos amigos educam ou alimentam seus filhos não é da nossa conta.

Perigo ainda maior surge quando as pessoas começam a pensar que seus métodos de aplicação dos princípios bíblicos são mais espirituais. Se cairmos nessa armadilha, então os métodos se tornam uma questão de importância primária para nós. O resultado é um sentimento de superioridade sobre aqueles que diferem de nós. Isso obviamente conduz à autojustiça, inveja, ciúme, disputas, e querelas.

Um benefício da exortação de Paulo às mulheres mais velhas para que instruam as mais jovens é que as mais velhas não estão apegadas a seus métodos. Elas se lembram de seus princípios e, em geral, já esqueceram alguns dos detalhes de seus métodos. À medida que crescemos em graça, que possamos todas aprender a discernir as diferenças entre princípios e métodos, relaxar e manter a paz quando virmos que os métodos dos nossos amigos não são os nossos.

2.   O LIMITE DA CORTESIA

> E, finalmente, sede todos de um mesmo sentimento, compassivos, amando os irmãos, entranhavelmente misericordiosos e afáveis (1Pe 3.8, ACF)

As mulheres cristãs não somente precisam distinguir entre princípios e métodos, mas precisam parar de buscar por uma lista simples de "como fazer" como guia para a vida cristã.

Hoje, na maior parte do mundo evangélico, numerosas pessoas parecem muito prontas a dar uma lista de "faça isso, não faça aquilo". As mulheres são particularmente vulneráveis a tais "listas" porque elas nos dão um falso senso de segurança. "Está tudo certo, porque eu estou seguindo as regras!" Essas regras são geralmente apresentadas a nós em frases apelativas como "o modo de Deus para..." ou "a visão bíblica sobre...". Se estivermos adotando um método, é preferível chamá-lo de *uma* abordagem bíblica invés de *a* abordagem bíblica. Essas regras supostamente nos dizem como Deus quer que abordemos o namoro, controle de natalidade, alimentação e criação de filhos; nos são dadas regras sobre como usar nosso cabelo, quanto de joias e maquiagem podemos usar, que roupas devemos vestir, que comidas podemos comer, o que podemos fazer no Dia do Senhor, que tipo de música é permitida, se podemos ter televisão em casa, como e onde devemos educar nossos filhos, se nossos filhos e filhas podem praticar esportes, e assim por diante.

Devemos também nos lembrar de que aquilo que decidirmos fazer no parágrafo acima não está acima de questionamento. As leis e os princípios de Deus se aplicam à nossa vida nestas áreas. Mas nossos métodos de obedecer à lei não têm a mesma autoridade que a própria lei.

Outro aspecto que precisa ser abordado, envolvendo toda essa questão dos diferentes métodos, é o aspecto da cortesia comum. Como tratamos nossas amigas quando diferimos delas quanto aos métodos? Falamos pelas costas? A Bíblia chama isto de calúnia. Nós as criticamos abertamente? Dizemos a elas que tais métodos são inferiores aos nossos? Isso pode ser arrogante ou simplesmente grosseiro. Somos oficialmente "políticas", mas carregamos comentários que expressam nosso desprazer e desaprovação quanto à aplicação que fazem dos princípios de Deus? Tentamos envergonhá-las para fazer com que pareçamos melhores? Isso não é nada afável.

Aqui vão alguns poucos exemplos: "Quantas vezes você acha que precisa alimentar seu bebê? O meu já dormia a noite toda com seis semanas." "Seu mais novo já está com quase dois? Você sabe que dois é bom, mas três é melhor?" "Por que você *não* está educando seus filhos em casa?" "Por que você está educando seus filhos em casa?" As mulheres que se sentem livres para se expressar sobre tais coisas podem não ter ideia do dano que estão causando. A simples cortesia proíbe uma mulher de criticar levianamente outros métodos. Também proíbe questões impertinentes como "vocês estão fazendo controle de natalidade?" De fato, a menos que alguém esteja pedindo sugestões, há poucas circunstâncias nas quais outras mulheres precisam voluntariar-se desse modo. Em um lar cristão piedoso, os métodos devem ser resultado do ensino e convicções do marido com o auxílio e suporte da esposa. Essa é outra razão por que as mulheres são deveriam ser grosseiras a respeito da aplicação que outra mulher cristã faz dos princípios de Deus. Pode ser que ela esteja sujeitando-se alegremente às decisões do marido, para depois descobrir suas irmãs tentando-as à desobediência e ao desencorajamento.

Mas as mulheres cristãs podem discutir seus métodos? Claro! Mas os limites da cortesia e dos bons modos devem estar firmemente afixados. Do contrário, o resultado comum serão altercações e sentimentos feridos.

Porém, surge a questão: como deveríamos discutir os métodos? Primeiro, devemos ser, como Pedro exorta, todas de um mesmo sentimento. Devemos ter a mente de Cristo; devemos ter uma mesma mente quando tratamos dos princípios. Devemos ter compaixão umas das outras. Isso significa iluminar, suportar as fraquezas umas das outras, relevar as faltas, perdoar umas às outras, e, como diz Pedro, amar as irmãs e ser "entranhavelmente misericordiosas". Uma irmã misericordiosa não é uma acusadora, pregando seu método sem qualquer cuidado com a condição de suas irmãs. Cortesia significa ouvir e fazer perguntas (e não disparar questões). Nós não interrompemos ninguém; nem ficamos impacientes e iradas. E, se se tratar de uma questão delicada, a cortesia exige que não façamos perguntas e cuidemos de nossa própria vida! Ser afável exige que tenhamos, como os Puritanos costumavam dizer, zelo pelo nome do nosso próximo. Não espalhamos anedotas que possam macular o nome de nossas companheiras cristãs.

Cortesia e amor e misericórdia devem nos impor limites. Devemos proteger a reputação e a posição de nossas irmãs, e suportar umas às outras em amor. Não há nenhum desafio em "suportar" pessoas que concordam conosco em tudo. Mas é necessário graça para suportar aqueles que têm ideias e métodos bem diferentes dos nossos.

3. RUMO AO ALVO

E se eu escrevesse sobre o valor espiritual de varrer a casa duas vezes por dia e todos os benefícios à saúde de sua família que estão associados a essa prática? E suponha que tudo estivesse ancorado em versos de Levítico sugerindo que essa era a ordem de Deus para a mulher de hoje? E se em seguida passasse a ensinar que esse esforço, compromisso, dedicação e sacrifício redundariam em grande satisfação aqui e uma recompensa nos céus e acrescentasse a isso testemunhos de mulheres cujas famílias foram mudadas como resultado dessa prática? Espero que, ao ler, você não acredite que fui eu quem escrevi. Mas, infelizmente, algumas mulheres provavelmente começariam a implementar minhas sugestões, ou a sentir-se culpadas cada vez que vissem a casa por varrer.

Hoje em dia não são poucos os livros cristãos de aparência inocente e título agradável que circulam nas mãos de mulheres cristãs e que vão muito além do meu exemplo sobre varrer a casa. Eles estabelecem regras "cristãs" absolutas para tudo — alimentação infantil, como ensinar as crianças a usar o vaso sanitário, a propriedade da televisão, educação em casa, ou lavar as mãos — como se existisse um versículo da Bíblia para cada regra insignificante. Estou abismada e triste em ver como muitas mulheres cristãs rapidamente adotam esses métodos e creem que estão cumprindo seus deveres cristãos quando fazem uma lista de tarefas e colam na porta da geladeira. Deus realmente diz em sua Palavra que esse é o caminho cristão?

Por que tantas mulheres cristãs querem uma lista de regras ou um conjunto de direções para cada aspecto da vida? E quando encontram um kit de "regras santas" em um meigo livro cristão, já as adotam como se fossem a Escritura em si, mesmo quando tais regras estão dizendo para não beber refrigerante ou que devemos começar a desfraldar as crianças no nascimento. O que há conosco para queremos tantas regras detalhadas, e o que nos torna tão prontas a adotá-las?

O desejo por regras autoritativas surge de duas fontes. Primeiro, do desejo de agradar e não deixar as coisas correrem soltas. Muitas mulheres querem andar na linha, elas querem ser "boas cristãs", e querem agradar a Deus. Mas elas não querem conseguir isso pensando por meio de princípios bíblicos. Elas simplesmente querem alguém que lhes entregue em mão uma lista de regras. Há um falso senso de segurança na adoção de um método — "o método de educação infantil de Fulano de Tal". Se isso funcionou com ele, irá funcionar com você. Quando se deita à noite, você se sente bem quanto à sua vida cristã.

O "sistema" pode se tornar uma fonte de segurança. "Estou bem com Deus porque hoje cortei o açúcar da dieta das crianças, criei um cronograma de amamentação, e vou ter meu próximo bebê em casa, com uma parteira." Visto desse modo, o sistema é um falso conforto e algo perigoso. Não somente por causa da autojustiça e do fundamento em uma justiça por obras, mas se esse é realmente o caminho de Deus, então todos que não estão nesse caminho não estão agradando a Deus. De fato, estão pecando. Isso conduz a um sentimento de superioridade sobre aqueles santos que não adotam o "método".

A justiça por meio de obras, um senso de segurança espiritual baseado em meu estilo de vida, é algo que mina a justificação pela fé. Jesus Cristo é o único que trabalha, no fim das contas. A obra dele é perfeita; a obra dele está completa. Nossa salvação é baseada totalmente na obra dele, e não em qualquer obra nossa, não importa quão justa creiamos que tal obra seja. Minhas obras podem tornar minha vida mais agradável (ou dolorosa), mas não irão me salvar ou me dar mais segurança perante Deus. A obra de Cristo somente é nossa única segurança verdadeira.

A segunda razão para esses livros com regrinhas, esses manuais de "regras autoritativas", terem tanta audiência é que as mulheres podem ser enganadas. Quando você lê a afirmação de que seu filho irá crescer sendo egoísta e birrento se você der a ele lanches entre as refeições, você precisa fazer uma importante pergunta, do tipo, "quem está dizendo isso?" A Escritura exige que você sirva somente cenouras e maçãs como lanche? Isso é mais santo do que servir biscoitos e leite? Você despreza suas irmãs que deixam um pote de biscoitos cheio e acessível?

As mulheres cristãs de nosso tempo, criadas por Deus para serem responsáveis, são vulneráveis às tentações, ao engano. Devemos aprender a pensar como cristãos e resistir à tentação de crer em tudo que lemos ou ouvimos. As coisas não são verdadeiras porque estão encadernadas em um livrinho bonito ou transmitidas em uma estação de rádio cristã. Devemos parar de ser cabeças de vento e passar a depender mais estritamente das Escrituras. À luz das Escrituras, devemos enxergar os princípios, que vão além dos métodos. Quando adotamos um princípio bíblico, nossos métodos (pois não há como fugir deles) podem ou não ser parecidos com o de outra família na igreja.

Toda forma de justiça por obras é, em seu âmago, rebeldia. Não importa se é o dízimo do cominho ou orar nas esquinas ou educação em casa ou parto em casa — se você está se sentindo bem quanto à sua posição perante Deus por causa de alguma coisa que você está fazendo, você não está buscando a Cristo ou confiando nele.

As mulheres cristãs devem aprender que a justificação não se encontra nas roupas compridas, cabelos longos, hortas domésticas, vitaminas, ou ervas medicinais. Essas são todas "coisas indiferentes". Mas, se você está buscando essas coisas ao invés de Cristo, visando sua aceitação perante Deus por causa dessas externalidades, ou se sentindo superior a suas irmãs cristãs que têm métodos diferentes, então essas "coisas" já não são mais indiferentes — elas se tornaram perversas.

4.   OLHANDO DE SOSLAIO

Quanto às mulheres idosas, semelhantemente, que sejam sérias em seu proceder, não caluniadoras, não escravizadas a muito vinho; sejam mestras do bem, a fim de instruírem as jovens recém-casadas a amarem ao marido e a seus filhos, a serem sensatas, honestas, boas donas de casa, bondosas, sujeitas ao marido, para que a palavra de Deus não seja difamada (Tt 2.3-5).

É maravilhoso como Deus em sua Providência concede trabalho aos seus santos. As mulheres mais velhas, cujos filhos podem ter crescido e saído de casa, podem encontrar um proveitoso e satisfatório ministério na igreja, ensinando as mulheres mais jovens. Esse é um chamado saudável e natural (e bíblico) para as mulheres mais velhas. Jovens mulheres necessitam desesperadamente de um exemplo piedoso de como cuidar de uma casa numa cultura que despreza e ridiculariza as mães no lar.

Tenho aprendido muito com o exemplo de mulheres piedosas mais velhas na igreja. Elas me ensinaram como fazer pêssegos em conserva, como preparar a casa para receber um estudo bíblico, como colar papel de parede, como servir uma maravilhosa refeição, e por aí vai. As mulheres mais velhas podem ser uma rica fonte de recursos para nós em muitas das tarefas que as mulheres são chamadas a desempenhar. Somente em nossa igreja, posso pensar em mulheres com diferentes habilidades no ensino de crianças pequenas, corte e costura, administração financeira, hospitalidade, ensino, decoração e culinária. Há tantas expressões desses dons quantas são as personalidades. Cada igreja terá uma variedade de mulheres com uma variedade de dons, e todas elas têm algo a oferecer.

Algumas das mulheres mais velhas sentem-se à vontade ensinando em uma situação formal (i.e., um estudo bíblico), enquanto outras podem preferir um ministério de contato uma-a-uma. Conheço mulheres jovens que adorariam poder contar com a sabedoria de uma mulher mais velha, mas não sabem onde encontrar. As mulheres mais velhas precisam às vezes ser cutucadas para que compartilhem sua sabedoria.

Mas há dois fatores importantes que precisam ser considerados quando mulheres mais jovens são ensinadas. Em primeiro lugar, o que exatamente significa ser *mais velha*? A passagem em Timóteo não nos diz que idade uma mulher deve alcançar para ser *mais velha*, mas devemos presumir que ela já tenha fielmente vivido tudo o que ela agora se propõe a ensinar. Em outras palavras, ela deve ter amado seus filhos para que possa ensinar isso a outras. As mulheres *jovens* precisam saber como amar seus filhos, e as mais velhas devem, caso ainda não tenham completado essa tarefa, ao menos já ter guiado seus filhos pelos perigos da infância.

Que diferença isso tudo faz? As mulheres mais jovens precisam ser ensinadas, mas não necessariamente por outras mulheres jovens. A idade traz uma sabedoria e maturidade que somente se pode obter por meio da experiência. As mulheres mais jovens podem ser muito categóricas em suas opiniões sobre o que faz uma boa dona de casa, mas carecem da sabedoria e entendimento necessário para ensinar com equilíbrio. Por exemplo, jovens mães podem ter muitas opiniões sobre como alimentar seus filhos e podem inadvertidamente (ou não) pressionar mães ainda mais jovens a alimentar segundo um cronograma. O mesmo pode acontecer com respeito às escolhas educacionais, de cardápio, ou de cuidados com a casa. As mulheres mais jovens podem estar muito empolgadas com "seus métodos" e então expressam suas visões de forma muito dogmática. As mulheres jovens, especialmente as jovens mães, são muito vulneráveis a esse tipo de pressão dos pares, e podem chegar a pensar que sua espiritualidade depende do que estão comprando ou deixando de comprar ou de limparem a casa desta ou daquela forma.

Outro perigo advém das comparações. Se Maria borda maravilhosamente, e Susana cozinha como um chef, e Sara faz mágica com as crianças, e Joana ensina tão bem, e Elizabete costura roupas tão lindas para seus filhos, e a casa de Tereza é limpa e organizada, a jovem mãe e esposa pode sentir-se desanimada por aquilo que pensa ser um padrão a ser alcançado. Ela pode começar a sentir-se pressionada a ter que fazer tudo como essas mulheres, e se tornar frustrada por sua inabilidade em ser tudo o que elas são. Mas é certo que nem todas as mulheres têm os mesmos talentos ou os mesmos desejos. Cada mulher precisa agradecer a Deus por seus dons e talentos e usá-los para a glória dele sem comparar-se a ninguém mais.

Você gosta de corte e costura? Então, se é assim, e se você tem tempo e inclinação (e os equipamentos), corte e costure! Você gosta de planejar o cardápio para a semana ou o mês inteiro? Vá em frente! Mas e se você preferir outro estilo? Não é pecado. Se você for uma cozinheira meia-boca, mas muito boa na instrução das crianças? Você não será uma mulher menos piedosa por isso.

Lembre-se: as "mulheres mais velhas" são *mais velhas*. Provavelmente elas nem sempre souberam fazer o que fazem agora. Foram necessários anos e anos para que chegassem lá. Então, dê tempo ao tempo.

Finalmente, onde os maridos entram nessa história toda? Seu marido pode não perceber que você está se esforçando muito para conseguir, para se adequar aos padrões que outras têm posto sobre você (ou talvez que você mesma impôs sobre si em nome delas). Fale com ele sobre o que você está recebendo das mulheres mais velhas (ou mais novas). Peça a opinião dele. Seu marido pode não se importar que você faça compras ou que você não saiba tricotar, de modo que talvez ele esteja totalmente inadvertido quanto à pressão que você está sentindo.

Certa vez eu disse ao meu marido que eu precisava ser mais organizada. Eu estava claramente sentindo que, de um modo ou de outro, não estava sendo como a mulher de Provérbios. A resposta dele foi muito engraçada (e libertadora): "O que faz você pensar que eu gostaria mais de estar casado com você se você fosse mais organizada?" Isso foi muito libertador para mim! Deus quer que eu seja obediente a *ele*, e não a qualquer outro. Por isso sou livre para desfrutar dos dons que Deus me deu, e aprender e crescer com os exemplos piedosos à minha volta — "Mas prove cada um o seu labor e, então, terá motivo de gloriar- se unicamente em si e não em outro" (Gl 6.4).

CAPÍTULO 5

CONTENTAMENTO

1. AVALIANDO-SE ÀS 11 DA NOITE

Se quisermos ter paz em nossa alma, devemos manter guerra contra nosso pecado favorito e nunca arredar até que ele seja subjugado –Thomas Watson.

Enquanto o pecado alheio é geralmente gritante e óbvio para nós, nossos próprios pecados estão algumas vezes disfarçados. Porque não os enxergamos como aquilo que realmente são, podemos nos iludir ao lutar e confessar um tipo completamente diferente de pecado.

Um desses pecados é a introspeção mórbida. Quando confessamos nossos tropeços e pecados constantemente, e não achamos alegria, falhamos em ver que estamos respondendo a autoacusações, e não ao Espírito Santo. Embora possamos pensar que estamos sendo piedosas (julgando sermos criaturas miseráveis), estamos na verdade cedendo à autocomiseração, centrando-nos em nós mesmas, e focando naquilo que não devemos, já que não estamos buscando a Cristo por graça, força e perdão.

Considere o seguinte cenário: Final de um longo dia. Você acordou às 5h30 da manhã com o bebê chorando, e pôs um belo café da manhã sobre a mesa para seu esposo e as crianças. Então preparou as lancheiras, mandou os meninos para a escola, limpou, lavou, vestiu, alimentou o bebê de novo, leu para eles, parou para o almoço, colocou os pequenos para cochilar, assou biscoitos, dobrou as roupas, regou as flores, levou as crianças ao parque, escutou as histórias das crianças na escola enquanto comiam biscoitos com leite, preparou o jantar, cumprimentou o marido, serviu o jantar, limpou, colocou o de seis anos para escrever a redação e o de oito para fazer o exercício de matemática, deu quatro banhos, leu histórias para eles dormirem, aconchegou os pequenos, fez um café para o marido, e despencou numa cadeira para tomar o café com ele. Após uma hora de conversa ou leitura você não consegue manter os olhos abertos. Então olha para a pilha de roupa que você não conseguiu passar, e se lembra da carta que você pretendia escrever, mas você suspira e vai deitar.

De repente você está totalmente desperta. Agora, quieta o suficiente para pensar, centenas de pensamentos inundam sua mente. Você se lembra de que, além da montanha de roupas a passar, você se impacientou com sua filha quando ela perguntou pela terceira vez quando o jantar estaria pronto. Você confessa isso a Deus, mas ainda se sente mal.

Você deseja ter mais tempo para brincar de colorir com seu filho de seis anos. Você lembra-se que ele a olhou desapontado quando você lhe disse que tinha de ir lavar roupa. Agora você está com um nó na garganta. Está se achando uma mãe terrível. Você nem mesmo agiu como uma cristã. Você nem sequer leu a Bíblia hoje; e, aliás, tem três dias que não lê. Além disso, você engordou dois quilos e está se achando horrível — está vivendo sem autodisciplina. E se você estivesse realmente disciplinada, conseguiria perder. Você está achando que seu marido provavelmente está infeliz com esses dois quilos. E por aí vai.

Pare! Não é o momento para autoavaliação! Depois de um dia longo e desgastante você não está apta a avaliar nada! Esse tipo de pensamento, qualquer que seja o momento, mas especialmente após as 10h30 da noite, é infrutífero. Ele só gera autopiedade, condenação, desesperança e um sofrimento ímpio. É perigoso e tolo se entregar a tais pensamentos. Um pecado sempre conduz a dezenas de outros. Introspecção conduz à ansiedade e depressão. Essa é uma mentalidade enganosa e improdutiva, pois o verdadeiro pecado não é dois quilos a mais, etc.; e sim o ato de se entregar a essa atividade de autocondenação. "Pensai nas coisas lá do alto". O verdadeiro pecado está sendo cometido em sua mente, e é essa introspecção mórbida. É disso que você provavelmente precisa se arrepender, embora as suas falhas do dia a distraiam justamente desse pecado. É ele que você precisa confessar. Um sofrimento piedoso produz arrependimento; um sofrimento mundano produz morte (2Co 7.10). Se você realmente pecou (por exemplo, se irritando), então, desde já, confesse-o a Deus. Se você ainda se sente culpada e com o coração pesado, então você precisa levantar e pedir perdão a sua filha (se ela ainda estiver acordada!), ou escrever um bilhete de desculpas. Mas, depois, não fique remoçando.

Se não se tratar de um pecado objetivo, mas de uma acusação fundamentada em nada mais do que vagos sentimentos sobre o dia, esqueça. Deus não é o autor de acusação e condenação contra os seus. Ele disciplina e perdoa. Ele se deleita em mostrar misericórdia. Ele é o Pai de todo conforto. Ele não amontoa acusações durante a noite.

Na realidade, você verá as coisas muito mais claramente de manhã. Se você pensar que é uma mãe horrível às 11 da noite, resolva dar um pouco de sono a essa ideia e faça a mesma pergunta de manhã. Você pode estar física e emocionalmente esgotada e, portanto, vulnerável a esse tipo de tentação. Pela manhã, você pode sentir que não é uma mãe tão ruim assim. Lembre-se, a Palavra de Deus é que é o padrão, e não os seus sentimentos — bons ou ruins, da noite ou da manhã. À luz do dia é mais fácil ver sua fraqueza, chamar por graça, confessar seus pecados e agradecer a Deus pelo amor e perdão. Como outros pecados, o pecado da introspecção pode se tornar um hábito. Como Thomas Watson disse: "Se quiser mostrar-se piedosa, dá carta de divórcio a cada pecado." Quando confrontada com seus pecados e falhas, olhe para Cristo e agradeça a ele pela perfeita justificação.

2.   CUIDADOS COM A SAÚDE

> Eles mudaram a verdade de Deus em mentira, adorando e servindo a criatura em lugar do Criador, o qual é bendito eternamente. Amém! (Rm 1.25).

Se você é uma mulher ocidental, vive em uma cultura que não somente idolatra a saúde, juventude e beleza, mas ativamente promove o medo da doença, incapacidade física e velhice. "O objetivo último para o homem moderno deve ser alcançado por meio da saúde e atividade física, pois somente os que têm saúde e estão em forma se divertem!"

Muitas verdades sobre o homem e a natureza de Deus são necessariamente suprimidas e substituídas por falsas verdades sempre que o culto da criatura substitui a adoração ao Deus Criador. Mentiras são pré-requisitos para a idolatria. Eis por que a mulher cristã deve estar preparada e alerta para evitar as tentativas sutis, e as não tão sutis, de enganá-la. Quais são essas mentiras? Elas podem assumir muitas formas.

Quando os homens deixam de viver para a glória de Deus e vivem para glorificar a si mesmos, a morte e a doença são os grandes e óbvios inimigos. A pergunta do homem moderno, amante dos prazeres, é "como posso cultuar o meu corpo e seus prazeres pelo maior período de tempo sem a intrusão de doenças, fraquezas, ou o maior de todos estraga-festas, a morte?" Como J. C. Ryle destaca em seu livreto *Sickness* (Golpel Mission Press, 1990), nem o ateísta nem o deísta têm uma resposta satisfatória para o problema da enfermidade. Somente o cristão tem uma resposta verdadeira: o mundo caiu pelo pecado; o salário do pecado é a morte.

A mulher cristã deve resistir à tentativa do mundo de aprisioná-la pelo medo. As mulheres parecem ser o alvo de muitas das táticas de pânico da mídia — todas em nome do "empoderamento" das mulheres. Talvez isso se dê porque as mulheres modernas são mesmo o alvo principal dos meios de comunicação. Seja através dos artigos de revista, dos programas de notícias na televisão, anúncios e comerciais, ou daquele vídeo que sempre se vê no consultório médico, estamos sendo constantemente encorajadas a temer. Algumas vezes esse temor é usado para nos levar a comprar algo. Uma linda mulher de cabelos brancos aparece escorregando e caindo no chão. Osteoporose. Querem que a gente saia correndo para comprar pílulas de cálcio. Outras vezes, podem estar nos pedindo para comprar um argumento filosófico. "Você é responsável pelo seu próprio corpo", nos dizem. "Você é uma nova e moderna mulher, autossuficiente e independente. Você toma suas próprias decisões a respeito do seu corpo. Você tem o direito de conhecer os fatos". (Não estou inventando isso, está num vídeo que assisti a menos de uma semana num consultório médico).

Ora, o que está errado nisso? É humanista, obviamente. É algo que tira Deus de cena. Imagine, ao invés disso, um vídeo como este: "Você é uma criatura. O Deus que a criou fez o seu corpo, e ele é uma grande criação. Seu corpo não é seu; é um dom de Deus. Esse corpo é caído e, portanto, suscetível a enfermidades e fraquezas. Seja uma boa mordoma do seu corpo, e sirva a Deus com ele". Isso não seria algo chocante, tendo em vista nossa mentalidade humanista? Tente imaginar isso como um comercial farmacêutico na televisão!

Uma vez que uma mulher cristã sucumbe ao medo do câncer, doença cardíaca ou menopausa, o temor, como um câncer, se espalha. Ela teme por si mesma, e porque é misericordiosa, começa a temer pelos membros da família. Talvez as estatísticas sejam altas para esclerose múltipla na parte do país onde você mora. Oh, não! O que você pode fazer? Sua região tem uma alta incidência de câncer infantil. Será que você deve se mudar? Sua tia-avó morreu de câncer. Isso põe você numa categoria de risco. Seu primo teve um tumor no cérebro. Isso é hereditário ou foi mera casualidade? É com esse tipo de coisa que se cria o medo. Se eu seguir minha dieta e fizer ginástica, não vou morrer de infarto. Muito bem. Como vou morrer então?

Obviamente, nada pode eximir-nos de modo permanente de toda enfermidade e fraqueza. Estamos morrendo — cada um de nós, a cada dia que passa. E vamos todos morrer de alguma causa. Mas, para os cristãos, não deve haver nada a temer nisto.

"Quem nos separará do amor de Cristo? (...) Porque eu estou bem certo de que nem a morte, nem a vida..." (Rm 8.35, 38). Quando as mulheres cristãs se deixam capturar na armadilha do temor, elas estão esquecendo essa importante verdade, bem como outras igualmente importantes. Revise sua teologia para lidar com esses temores. Uma teologia sã é a cura para o medo. Considere que Deus tem completo controle de toda a criação. Você crê nisto? Lembre-se de que a doença é um dos meios que Deus pode usar para ensinar a seus filhos paciência, perseverança, compaixão, confiança, gratidão e contentamento. Pode ser uma ferramenta refinada na mão de Deus. Se você é um filho de Deus, você pode ter certeza de que ele fará com que todas as coisas cooperem para o seu bem, e isso inclui doenças, fraquezas, e a morte.

Ainda que seja você a responsável na família por marcar as consultas com o pediatra, lembre-se de que você não é capaz de garantir saúde perfeita para sua família. Você é apenas e igualmente uma criatura. Deus pode precisar lembrar a você de sua própria finitude.

É claro que a mulher cristã pode honrar a Deus cuidando para que seus filhos recebam as vacinas e cuidados médicos e aprendam sobre higiene. Deus pode usar essas coisas para proteger sua família. Isso nada mais é do que simples prudência piedosa e mordomia cristã. Mas não descanse nessas coisas externas; descanse em Cristo.

Aceite o fato de que Deus permite a enfermidade para seus bendítos propósitos. Não tema. Aparte-se de reportagens ou documentários feitos para gerar medo. Avalie sempre o que está sendo dito. É verdade? Está sendo dito de um modo biblicamente acurado? Está levando em conta a relação Criador/criatura? Porque o mundo adora a criatura, essa distinção raramente é feita. Não tenha temor, tema a Deus.

CAPÍTULO 6

DEVERES DO LAR

1. ALEGRES DEVERES

Muitos anos atrás eu era uma atarefada mãe de três crianças que tinham quatro, dois e outra menos de um ano. A vida era corrida, e dificilmente havia tempo para descansar. Estava ocupada com muitas coisas mundanas como fraldas e lavanderia e giz de cera e massa de modelar. Vez por outra me pegava pensando no que acontecera com o "ministério" que eu tinha quando era solteira e trabalhava numa organização cristã. Isso era simplesmente aquela velha tentação da grama que é sempre mais verde.

Certa noite, enquanto lavava os pratos (que era a última tarefa depois de pôr os pequenos para dormir), minha mente vagueou naquela direção. Eu não deveria estar liderando reuniões de estudos bíblicos? Não deveria estar envolvida em um evangelismo mais ativo? Não poderia estar "discipulando" alguém? Deus não quer que eu faça algo por ele?

Imediatamente entendi o que Deus queria que eu fizesse. Ele queria que eu lavasse os *pratos*! Mas segui perguntando se não havia outra coisa mais que ele queria que eu fizesse. E entendi que, sim, havia algo mais. Ele queria que eu os lavasse *com alegria*.

À medida que eu refletia sobre isso, me dei conta daquilo que há muito já sabia. Deus me chamou para ser esposa, mãe, e dona de casa. Por causa disso, todas as coisas mundanas que eu fazia eram consagradas, santificadas, tinham propósito e honravam a Deus, e eu deveria oferecer todas elas a ele. "Rogo-vos, pois, irmãos, pelas misericórdias de Deus, que apresenteis o vosso corpo por sacrifício vivo, santo e agradável a Deus, que é o vosso culto racional" (Rm 12.1). Não somente isso, mas eu deveria também encontrar contentamento e satisfação em saber que estava fazendo tais coisas para o Senhor.

Faz toda a diferença para a dona de casa cristã enxergar seu trabalho desse modo. Trabalhe, trabalhe duro, não importa quão humilde seja a tarefa, é nosso serviço a Deus. Se isso é verdade sobre abrir valas ou lavar pratos, certamente é verdade quando se trata de criar nossos filhos. Eu tinha uma congregação de três membros ali mesmo, em minha casa — uma escola bíblica com três estudantes matriculados! Quando encaramos o cuidado do lar como escravidão, ele se torna exatamente isso — escravidão. Mas, se o vemos como nosso dever para com Deus, ele se torna uma alegria e um deleite. Lembro-me de minha mãe me dizendo que nunca reclamava por estar ocupada em casa porque via aquilo como sendo seu *dever*. Se sua casa está desorganizada e bagunçada, ou até mesmo suja, você não está honrando a Deus em seus deveres como esposa e mãe. Devemos aprender a administrar nossa casa (1Tm 5.14). É nosso dever perante Deus, e devemos fazer isso bem feito.

Certa vez quando meus filhos ainda eram bem pequenos, recebi a visita de uma mulher. "Como você mantem a sua casa tão limpa?", ela perguntou. Pensei por um momento, e lembro-me da resposta: "Trabalho muito duro — *o tempo todo*". Que mistério! Que segredo! Comprometer-se com uma casa limpa e filhos limpos exclui muitas outras atividades. Pode significar pouco tempo para ler romances, ligações telefônicas não muito longas, e pouca vida social. O lar e os filhos são a prioridade. Dar banho nas crianças, vesti-los com roupas limpas, alimentá-los, e ensiná-los são partes de um trabalho de tempo integral que requer planejamento, estamina, e um coração comprometido com a obra.

Trabalhar duro é bom para nós. Isso nos fortalece e edifica o nosso caráter. A preguiça é um mal não somente destrutivo, mas que sempre se faz acompanhar por outros pecados. Ela destrói nossas famílias e desonra a Deus. Quando você trabalha duro no lar, não tem tempo para assistir a programas degradantes na televisão, não tem tempo para gastar seu dinheiro de modo irresponsável, não tem tempo para jogar fora no telefone. Suas mãos estão cheias demais com o seu serviço:

> Pois, de fato, estamos informados de que, entre vós, há pessoas que andam desordenadamente, não trabalhando; antes, se intrometem na vida alheia. A elas, porém, determinamos e exortamos, no Senhor Jesus Cristo, que, trabalhando tranquilamente, comam o seu próprio pão. E vós, irmãos, não vos canseis de fazer o bem (2Ts 3.11-13).

Trabalho duro sempre dá frutos no devido tempo. Filhos que são amados, alimentados e cuidados, e que são ensinados a amar a Deus, crescem para se tornar santos produtivos na casa do Senhor.

Certamente não quero dizer com isso que tal obra exclui toda a leitura recreativa ou visitas. Tudo pode ser exagerado. As crianças são mais importantes do que sua agenda particular de limpeza, e todas nós precisamos descansar. As mães devem ser capazes de discernir quando é hora de deixar o trabalho de lado. Mas tal como nosso trabalho é "para o Senhor", também o nosso descanso deve ser para ele. Esse princípio ajuda a estabelecer diretrizes para o trabalho e o descanso. O Senhor abençoa meu descanso a fim de que eu realmente possa aproveitá-lo. E abençoa meu trabalho para que possa ser realmente frutífero.

> Tudo quanto fizerdes, fazei-o de todo o coração, como para o Senhor e não para homens, cientes de

> que recebereis do Senhor a recompensa da herança.
> A Cristo, o Senhor, é que estais servindo (Cl 3.23-
> 24).

2.   O PECADO DE TER DE SABER

> Além do mais, aprendem também a viver ociosas,
> andando de casa em casa; e não somente ociosas,
> mas ainda tagarelas e intrigantes, falando o que não
> devem (1Tm 5.13).

Essa passagem se refere à tentação de que as viúvas mais jovens encontram quando não têm marido em casa para prover o equilíbrio de que necessitam para centrarem-se no lar. Mas, certamente, outras mulheres na comunidade cristã são tentadas a serem igualmente tagarelas. Ele pode parecer inofensivo, mas a Escritura menciona esse pecado junto a outros de grande porte: "Não sofra, porém, nenhum de vós como assassino, ou ladrão, ou malfeitor, ou como *quem se intromete em negócios de outrem*" (1Pe 4.15).

Como é a mulher intrometida? Na passagem de 1Timóteo, é a mulher que se deleita com os negócios de outrem. Ao invés de se preocupar com sua própria casa, seus próprios deveres, sua própria família, a intrometida está interessada nos negócios de outrem. Ela se "ocupa" em adquirir e repassar informações. Obviamente, contar tais coisas é pecaminoso, mas saber delas pode ser igualmente pecaminoso.

Vamos voltar e examinar como uma mulher se torna intrometida. Primeiro ela deve *aprender* a viver ociosa, como diz nosso texto. Mas como uma mulher *aprende* a viver ociosa? A figura parece contraditória! Sugeriria que ela aprende por meio do estudo meticuloso de como evitar os deveres que Deus designou para ela. A intrometida em formação tem de evitar seus deveres domésticos em favor da agradável tarefa de "fazer visitas".

A mulher que Paulo descreve está perambulando pela vizinhança. É muito fácil deixar tarefas inacabadas para passear por aí. As mulheres que a tagarela visita não podem ver as montanhas de roupas para lavar ou o chão sujo da cozinha. Enquanto a intrometida vagueia de casa em casa, está longe da ociosidade: ela está ocupada juntando informações sobre os negócios de outros. E a mulher intrometida moderna vagueia de casa em casa? Pode apostar! Aqui para um café, ali para o almoço. Percorre a cidade, entrando nas casas e examinando o que vê. Ou pode estar ocupada falando pela janela enquanto tira a roupa do varal. As notícias que recebe aqui as repassa com todo gosto ali. Isso também lhe rende muitos convites para frequentar estudos bíblicos ou reuniões de oração.

É claro que a tagarela moderna não se contém caso não disponha dos meios para vagar pela cidade. Ela tem um método bem mais conveniente: a internet. A intrometida de nossos dias pode estar muito "ocupada" conversando por horas ao longo do dia. Esse tipo de ociosidade pode produzir fadiga, mas não produz o fruto que Deus requer. Não é possível ter uma rotina como essas sem negligenciar os deveres apontados por Deus.

Como a intrometida realiza suas visitas? Ela faz muitas perguntas e é uma boa ouvinte. Ela faz perguntas que são impertinentes e vexatórias. Mas raramente ofende por parecer estar genuinamente interessada. Nenhum detalhe é insignificante para ela. Seu deleite é oferecer "deliciosos bocados" e muita informação (sobre outros) sem que ninguém tenha perguntado.

Já que a cabeça dela está tão cheia de "questões alheias", aquilo que é fato e o que é rumor facilmente se confundem. Ora, ela se tornou não só uma intrometida que repassa "notícias", mas um intrigante repassando fofocas. Enquanto isso, e as roupas sujas? E o jantar que não foi feito? Será que ela tem mesmo esse tempo todo livre?

Algumas precauções surgem imediatamente. Primeiro, veja se você não é uma intrometida. Se estiver trabalhando duro em casa, cumprindo fielmente os deveres recebidos de Deus, então você tem pouco tempo para agir de forma tão tola. Entretanto, recorde as suas conversas recentes. Você chegou a se envolver com questões alheias? Fez perguntas que realmente não eram da sua conta? Você passa adiante informações sobre a vida de outras pessoas? E talvez a questão mais relevante: você se deleitou em ser a *primeira a saber* e a *primeira a contar*?

Em segundo lugar, você tem uma amiga que é tagarela? Cuidado. Você pode se deixar levar por esse mau costume. Não a escute repetir todas as novidades. Peça licença quando a conversa for inapropriada. Você tem um grupo regular com o qual "visita" e tem comunhão: um grupo de educação domiciliar, de costura, de bordado, ou de leitura? A conversa gira em torno de um conteúdo ou normalmente é sobre a vida de alguém? Talvez você deva sair desse grupo, se ele for dominado por gente tagarela. Tais pessoas são rápidas em criticar os filhos, os métodos de educação etc., daqueles que não estão presentes. Elas irão falar abertamente aquilo que jamais diriam se as pessoas a quem se referem estivessem presentes.

Finalmente, se você conhece alguém que é tagarela e intrometida, mantenha distância. Tenha cuidado quanto ao que fala para ela. Presuma que tudo que você disser irá circular pela comunidade. Isso deve motivar você a ser discreta. Tenha cuidado com o que diz sobre sua família, e especialmente sobre seu marido. Certifique-se de que seus comentários são sempre respeitosos, gentis, e honram a Deus. Esse tipo de notícia não é tão divertido de repassar.

3.   AMIGAS

O homem honesto é cauteloso em suas amizades,
mas o caminho dos ímpios os leva a perder-se (Pv
12.26, NVI).

Pense por um momento sobre esse texto. O justo deve não somente escolher seus amigos, mas fazer isso com cautela. Isso exige sabedoria. Com frequência, as mulheres cristãs "contraem" amizades com base na proximidade e compatibilidade. Alguém se torna sua vizinha, vocês se esbarram e, quando se dá conta, vocês já se tornaram amigas.

Mas Provérbios diz que amizade deve ser resultado de uma escolha cuidadosa, não de circunstâncias indiscriminadas. Só porque vocês têm muito em comum (frequentam a mesma igreja, leem os mesmos livros, maridos que trabalham na mesma empresa), ou só porque veem uma a outra com frequência (sentadas na arquibancada vendo seus filhos jogarem futebol), não significa que é sábio estabelecer uma amizade. Essas podem ser razões "carnais" para a amizade, mas não razões espirituais. "O homem honesto é cauteloso em suas amizades". Isso implica usar sua cabeça para pensar sobre a natureza da amizade e as qualidades desejáveis em uma amiga.

Muitas vezes as mulheres buscam amigas que gratificam sua carne, mas não promovem espiritualidade. Por exemplo, talvez você aprecie sua amiga porque ela deixa você falar de tudo sem restrições (Pv 10.19). Talvez você aprecie alguém porque os filhos dela são simplesmente tão indisciplinados quanto os seus, então você não sente a pressão de ter de corrigir as coisas. Ela ajuda você a jogar seu tempo fora, afastando-a de seus deveres, mas arranjando uma desculpa plausível (1Tm 5.13)? Ela traz deleite com pérolas de fofoca (Pv 18.8) que você não conseguiria com ninguém mais? Talvez ela também tenha um marido que não satisfaz as necessidades dela, então vocês duas podem reclamar juntas de seus maridos. Ela é popular, ou rica, ou talentosa, e você simplesmente gosta de se associar a ela porque quer mencionar o nome dela para outras pessoas e impressioná-las com sua amizade? Tudo isso é abominável. Esses são exemplos de amizades imprudentes e tolas que devem ser revistas ou extintas, mas que em todo caso pedem arrependimento.

Há outros perigos associados com a amizade. "Não sejas demasiadamente justo, nem exageradamente sábio; por que te destruirias a ti mesmo?" (Ec 7.16). Esse é o problema da mulher que busca por uma amizade ultra espiritual. Isso pode ser uma capa a esconder uma mulher muito carente e sozinha. Ela pode estar lendo livros cristãos, estudando a Bíblia, ser muito envolvida com grupos de estudos bíblicos, ou mesmo liderá-los. Mas não é uma mulher profundamente satisfeita em Cristo; e por isso está buscando um relacionamento espiritual e profundo com outra mulher e esperando que as suas necessidades que não estão sendo supridas pelo seu marido, ou que ela não tem buscado suprir em Cristo, sejam atendidas em um "relacionamento". Ela quer partilhar, quer orar, quer desenvolver um relacionamento profundo e significativo de um modo profundo e significativo. Cuidado! Esse tipo de espiritualidade, quando é falso, é tão perigoso quanto as relações de fofoca descritas anteriormente. As mulheres que são cristãs piedosas devem desfrutar de amizades que não sejam substitutos para o marido. Se você tem esposo, ele pode e deve ser seu melhor amigo. Se ele não é, nenhuma mulher pode preencher o vazio que ele deixou, por isso não busque isso em uma amiga.

Então, qual é a alternativa para esses fracassos em amizades? Um fato importante a relembrar é que uma mulher não pode ser amiga íntima de todo mundo. Jesus tinha seus doze (Jo 15.15). Dentre esses, ele tinha seus três mais chegados: Pedro, Tiago e João (Mt 9.28). E desses três, havia aquele a quem ele amava, João (cf. Jo 21.20). Cristo desfrutou de um relacionamento próximo com algumas pessoas, mas não com todas. Certamente podemos imitá-lo nisto. Sendo criaturas finitas, não podemos ter amizade íntima com um número infinito de pessoas. Além disso, todos nós temos deveres recebidos de Deus a cumprir, e se pusermos nossas amizades acima de tudo, necessariamente iremos negligenciar nossos deveres.

Dentro de uma comunidade cristã, uma mulher pode desfrutar de muitas boas amizades em diferentes níveis. Há a amizade das mulheres mais velhas para com as mais novas; essas se caracterizam pelo ensino e encorajamento. Em alguns relacionamentos você está conscientemente se doando (i.e., ensinando e encorajando — vide Tt 2.4), e em outros está deliberadamente recebendo ou sendo ensinada. Tais amizades são bíblicas. Elas podem se tornar amizades próximas, ou não. Outras amizades são possíveis com "colegas"; essas são caracterizadas por companheirismo e edificação mútua. Todas essas amizades devem ser escolhidas cautelosamente.

Mas como? Obviamente, a escolha não pode ser uma via de mão única, pois, se a pessoa que você escolheu não estiver interessada em sua amizade, não há realmente nada que você possa fazer. Não se sinta desencorajada, e não se ressinta desse fato. A pessoa que você quer como amiga tem o dever de ser tão cuidadosa quanto você ao escolher amizades. Não fique pensando isso ou aquilo. Se você já tentou muitas vezes, e ela não responde, não presuma que você sabe a razão.

Também não se incline a ficar profundamente desiludida. Confie que Deus a dirige em relação às amizades. Se uma não deu certo, ele deve ter outros planos. Não peça a ninguém para ser sua amiga. Ao invés disso, busque oportunidades para, naturalmente, desenvolver amizades. Não force a barra. Repito, Deus irá dirigir suas amizades conforme ele deseja. O tipo de mulher que você quer como amiga deve ser cristã e cordial. Obviamente, você deve ser esse mesmo tipo de mulher.

Um relacionamento saudável deve carregar fruto de justiça — deve ser produtivo, revigorante, deleitoso. Do contrário, é perda de tempo. Há muitas mulheres cristãs amáveis cuja amizade pode ser rica e preciosa. Busque tais mulheres. Como o livro de Provérbios instrui, escolha amigas com cautela. Não subestime o efeito de suas amizades sobre a sua vida cristã.

4. A POSSESSÃO DO LAR

Deus tem sido muito bondoso em nos dar lares e famílias para enchê-los. A terra pertence ao Senhor e tudo o que nela se contém. Sendo assim, nosso lar pertence ao Senhor, bem como tudo o que está nele. Logo, nosso lar deve, em todos os aspectos, refletir o fato de que é propriedade divina. Nossa atitude para com nosso lar deve ser de buscar glorificar ao Senhor em nosso uso diário das coisas que ele graciosamente nos "emprestou". O conhecimento de que tudo é dele e de que ele nos cedeu deve nos manter humildes (sabendo que não o merecíamos), contentes (sabendo que não o merecíamos), e gratos (sabendo que não o merecíamos). Isso nos protege da tentação de sermos arrogantes, invejosas e ingratas.

Lembrar-nos de que o nosso lar pertence a Deus tem um impacto significativo no modo como o administramos e, portanto, no modo como ele será. A mulher cristã deve ser capaz de aplicar sua visão de mundo cristã, incluindo sua visão da família, ao modo como cuida, administra, limpa, e decora seu lar. Afinal de contas, se aquele lar pertence a Deus, a aparência dele será muito importante. Servimos a um Deus que é santo, justo, ordeiro, não caótico, e que é o Criador de tudo quanto é belo. Certamente nosso lar deve refletir isto. Se ele criou a luz, textura, formas, e tudo em harmonia, nosso lar não deveria desfrutar e celebrar o controle magistral de Deus sobre todas as coisas?

Uma das coisas que os Puritanos fizeram muito bem foi reconhecer a bondade da criação. Isso permitiu manter Deus em primeiro lugar enquanto desfrutavam imensamente, com gratidão, de todas as bênçãos físicas que o Senhor concedera.

"Os Puritanos decidiram tornar divinas todas as coisas terrenas, não por meio de proibi-las, mas infundindo nelas santidade" (*Wordly Saints*, p. 208).[1] Eles podiam desfrutar

---

1 N. do T.: Disponível em português sob o título *Santos no mundo*, Editora Fiel.

da riqueza entendendo-a como um dom de Deus, mantendo-a em subordinação a ele, e usando-a para o bem. Richard Sibbes disse: "As coisas deste mundo são boas em si mesmas e nos são dadas para adocicar nossa travessia para o Céu" (p. 59).

À medida que reconhecemos a bondade das bênçãos de Deus para conosco e nos mantemos vigilantes quanto às tentações atreladas a tais bênçãos, somos libertas para usar nossas possessões neste mundo de uma maneira que glorifique a Deus. Aqueles que não são cristãos não têm qualquer ideia do que é adorar e glorificar a Deus no modo como decorar seu lar. As únicas opções que têm são a autoglorificação ou a culpa quanto ao que possuem. Somente o crente pode apreciar as coisas materiais de um modo pleno e grato, ao invés de sentir-se culpado.

Quando a mulher cristã faz um levantamento de seus recursos e habilidades, ela pode ser motivada a tornar seu lar bonito de um modo que honre a Deus. As pagãs podem querer impressionar umas às outras, mas a cristã pode deleitar-se em Cristo.

Isso pode gerar uma motivação inteiramente nova para a mulher cristã manter sua casa limpa e organizada e estar sempre trabalhando para torná-la mais bonita, usando os recursos que Deus lhe deu.

A decoração de uma casa deve refletir o fato de que Deus é o proprietário de nosso lar e de nossa vida. As mulheres cristãs devem buscar honrar a Deus no modo como escolhem a mobília e penduram as cortinas. Um lar cristão deve ser e parecer diferente. E não significa que é diferente porque há versículos bíblicos colados pelas paredes, mas que é diferente porque reflete um desejo de agradar a Deus em todos os aspectos da vida.

Visto que geralmente as mulheres estão mais envolvidas no processo de decoração, é importante que elas sejam cuidadosas em reconhecer a presença de seu cabeça no lar. Um lar cristão deve ser decorado de tal maneira que se perceba que um homem vive ali, e que sua esposa é um complemento dele, não uma competidora. Isso não significa ter animais empalhados em cada cômodo, mas a esposa cristã tem o dever de buscar aquilo que agrada o seu marido. Ele gosta de cores escuras, claras ou somente de branco? Talvez ele nunca tenha pensado nisso antes. Ele pode precisar de tempo. E pode ser que vocês dois precisem começar a pensar sobre isso juntos pela primeira vez.

Por causa da feminização de nossa cultura em muitos níveis, a decoração de uma casa degenerou, em vários casos, em simplesmente encher as paredes com corações e coelhos e fazer um laço em tudo que está à vista. Esse tipo de coisa exclui quase completamente a presença masculina. Certamente um lar cristão deve refletir a presença de ambos, masculino e feminino.

Estou tentando estabelecer certo estilo específico como "cristão"? De modo algum. Deus nos criou com tremenda variedade, e nosso lar dever refletir esse aspecto. Não somente temos uma variedade de gostos, mas uma variedade de circunstâncias, recursos, e diferentes níveis de maturidade quanto ao gosto. Mas devemos começar ou continuar em processo, pois nosso lar deve ser uma extensão prática daquilo que cremos ser verdade sobre Deus e seu mundo, e devemos demonstrar que tudo está debaixo de sua possessão.

CAPÍTULO 7

VIDA CONJUGAL

1. JARDINAGEM

Se há uma área na qual as mulheres cristãs podem ter muitas noções e conhecimentos mundanos é toda a questão que envolve sexo. Tal como muitas outras áreas de nosso pensamento, essa deve ser objeto de exame se desejarmos que nosso casamento honre e glorifique a Deus. O primeiro conceito importante para as mulheres entenderem é que o sexo foi uma ideia de Deus, não de Adão ou Eva. É obviamente um dom de Deus e deve ser desfrutado dentro dos parâmetros que ele estabeleceu em sua Palavra. Como coisa criada, o sexo não deve servir como se fosse algo mais do que isso. Como todas as coisas criadas, ele pode ser mal utilizado e compreendido de forma errada, mesmo por cristãos. Uma vez que o sexo foi ideia de Deus, ele mesmo proveu para nós diretrizes em sua Palavra. Ele governa o mundo, e isso inclui o sexo. Ele entende nossa natureza e nos governa de modo justo e sábio. Quando ordena que nos comportemos de determinada maneira, devemos levar isso muito a sério, e não comparar com aquilo que a sabedoria do mundo afirma para ver o que mais nos agrada. Como se dá com qualquer dom de Deus, há deveres e responsabilidade associados ao sexo. Assim, vamos examinar que responsabilidades e deveres são esses assinalados na Bíblia.

Paulo afirma em 1Coríntios 7.1-5 que um dos propósitos do casamento é a proteção da imoralidade sexual. Deus conhece a nossa estrutura, e estabeleceu o pacto do casamento como uma cerca em volta do relacionamento sexual. Se não há cerca, não deve haver relacionamento. É muito importante que os cristãos entendam isso. É algo muito direto e que não carece de interpretação. Entretanto, hoje os cristãos justificam o comportamento imoral usando muitos argumentos carnais. Casais de noivos dizem a si mesmos: "Bem, iremos casar em breve, então, Deus vai desculpar o que estamos fazendo". Errado. Esse tipo de comportamento e pensamento é destrutivo a curto ou longo prazo. É o velho estratagema do Jardim do Éden: "É assim que Deus disse?" Quando começamos a desvirtuar a Palavra de Deus para nos eximir do pecado, nos sujeitamos a todos os tipos de comportamento nocivo. As consequências da imoralidade em curto prazo são a culpa, falta de alegria, falta de autocontrole em outras áreas, e a confusão de pensamento. As consequências em longo prazo são a falta de respeito da esposa pelo marido (*Se ao menos ele tivesse se controlado*), remorso e vergonha, bem como a insegurança quanto à fidelidade do marido no futuro (*Se ele não se conteve antes de nos casarmos, irá se conter depois?*). Os casais de noivos precisam pensar a longo prazo sobre seu testemunho para seus filhos e netos. Quando seus próprios filhos algum dia vierem em busca de sabedoria sobre namoro e noivado, os pais terão de admitir sua própria falha e falta de domínio próprio, mas insistir que os filhos sejam bonzinhos? Os casais de noivos podem estar tão absortos no presente que se esquecem de que um dia terão filhos. É melhor apressar a cerimônia de casamento do que cair em imoralidade (1Co 7.9). O casamento é o contexto que Deus prescreveu para o sexo; é grave pecado nos enganarmos pensando de outra forma.

Dentro da cerca protetora do pacto de casamento, a mulher cristã pode ser livre para desfrutar do dom do relacionamento sexual e aprender a desfrutá-lo de um modo agradável e obediente a Deus. Para muitas mulheres cristãs essa é uma tarefa difícil, pois elas têm cargas e mais cargas de bagagem do mundo a respeito de sexo e um bocado de ideias patéticas que precisam ser descartadas para que possam ter uma visão bíblica e saudável do sexo. É óbvio que devemos retirar nossas ideias da Escritura e não da última edição da revista *Cláudia*. Cantares de Salomão é um bom ponto de partida. Nele a noiva é mencionada como um "jardim fechado" (4.12; 5.1). Há muitas belas imagens no livro que se referem a esse viçoso e fértil jardim com seus frutos agradáveis. Cultivar tal visão é um começo saudável para desenvolver uma visão bíblica do sexo. O jardim é um local privado, somente para o marido e a esposa. Ele tem um muro alto em volta chamado pacto de casamento. Realmente, de muitas maneiras, o marido é o responsável pelo jardim, e a esposa se torna uma fonte de grande alegria e deleite para o marido à medida que gasta tempo no jardim que ele fielmente cultiva. (Da questão do jardim não cultivado tratarei mais adiante). Essa linda imagem está em flagrante contraste com a visão sedutora e promíscua do mundo segundo a qual todos os jardins estão desmurados e os homens o pisoteiam de modo livre e até casual. (Equivocadamente, as mulheres pensam que estão se libertando ao dormirem com diferentes homens, mas na verdade estão sendo vandalizadas, maculadas, e deixadas sem proteção).

Quando a mulher cristã começa a ver-se como um jardim, ela pode ter bem mais interesse em tornar-se um belo jardim onde seu marido se deleite em gastar tempo. Pense em alguns dos mais belos jardins que você já visitou. O que havia neles que a agradou? A atmosfera pacífica, o penetrante efeito disso sobre a sua alma? Você quer que seu marido se sinta desse modo quando ele a visita? A mulher que cultiva essa visão não será tão rápida em tomar as iniciativas sexuais do marido como intrusões. Ela pode fazer com que ele se sinta bem-vindo em seu jardim sabendo que ele o considerará um deleite, um conforto, e uma alegria.

Como uma mulher pode cultivar o seu próprio jardim? Sendo afetuosa, tratável, calorosa, e responsiva. As mulheres sabem bem como ser frias e impassíveis quando querem. Isso é como pôr uma placa no muro do jardim dizendo: "Proibida entrada!" Mas é claro que um marido jamais está invadindo o seu próprio jardim, mesmo que alguém o queira fazer passar por intruso.

A mulher que possui um espírito manso e gentil é muito mais tratável e atraente do que aquela que está cheia de ansiedade e preocupação. Estar carregada de cuidados e preocupações não é nada bonito. Mantenha o seu jardim livre de ira e ressentimento. Essas são ervas daninhas que roubam o seu encanto. Uma atmosfera plena de alegria, espontaneidade e docilidade permitirão que o seu marido se sinta bem-vindo em seu próprio e belo jardim.

2.   SATISFAÇÃO

Seja bendito o teu manancial, e alegra-te com a mulher da tua mocidade, corça de amores e gazela graciosa. Saciem-te os seus seios em todo o tempo; e embriaga-te sempre com as suas carícias (Pv 5.18-19).

Essa seção de Provérbios é dirigida aos maridos, mas certamente também tem algo importante a dizer às esposas. Você sabia que Deus ordenou o seu marido a estar satisfeito com os seus seios em todo o tempo, e a ser embriagado com o seu amor? Você está ajudando o seu marido a obedecer a esse mandamento?

Perceba que a primeira parte do verso diz ao marido para se *alegrar* com a esposa. Dado o contexto da passagem, é óbvio que isso significa alegrar-se sexualmente. Ele deve manter-se puro não derramando suas fontes nas ruas ou nos braços da mulher adúltera. Ao invés disso, ele deve se embriagar por sua própria esposa, a qual é corça de amores e gazela graciosa. A relação sexual entre um marido e uma esposa crentes deve ser caracterizada pela *alegria*! Essa não é uma ideia libertadora? As esposas cristãs não precisam ser tímidas, ficar constrangidas ou sentirem-se culpadas com aquilo que Deus as mandou fazer com alegria. Tampouco a esposa deve ver o sexo como um mero dever ou obrigação, um contratempo inconveniente. Não, é algo que claramente deve ser *prazeroso*. Como mencionei na seção anterior, a esposa é um lindo jardim, e o tempo no jardim deve ser um deleite.

Você pode descrever o seu comportamento na cama com seu marido como algo *alegre*? Se não, você precisa pensar sobre o porquê disso. Ajustar o seu modo de ver essa questão poderá produzir um grande impacto sobre o seu comportamento. Da próxima vez que se aproximar do leito conjugal, prepare o seu coração para alegrar-se.

O próximo princípio importante dessa passagem é o mandamento aos maridos para que "saciem-te os seus seios em todo o tempo". Os homens cristãos têm constantemente de desviar os olhos dos seios de outras mulheres, seja em capas de revistas no caixa do supermercado, em filmes (que eles provavelmente não deveriam estar assistindo) e, é claro, nas mulheres que estão vestidas de modo indecente no escritório ou na rua. Os seios de todas essas mulheres estão proibidos para eles, e é um transtorno constante tê-los constantemente perante a face. Somente os seios da esposa não são proibidos. Esses são os seios que eles não somente podem, mas são ordenados a desfrutar. A questão é: como vão satisfazer-se com os seios da esposa *em todo o tempo* se jamais conseguem chegar perto deles? A mensagem óbvia para as esposas é: cuidem para que seu marido desfrute dos seus seios. Isso está muito claramente ligado à maneira calorosa e responsiva com que você age. Seu marido tem certeza de que terá uma resposta calorosa quando aproximar-se de você sexualmente? Ou tem de preparar-se para a sua recusa? Você é a esposa dele. Seus seios são o que ele deve desfrutar. Não o impeça! E alegre-se com o fato de que ele desfruta dos seus seios; não o prive daquilo que Deus ordenou que fosse objeto da satisfação do seu marido. Certamente é difícil estar satisfeito (ou deleitar-se com) aquilo ao qual não se tem acesso. Se você prepara uma linda refeição para o seu marido e senta com ele à mesa, mas não o deixa começar a degustar do alimento, ele não ficará satisfeito. E muito menos poderia dar-se por satisfeito se a comida estivesse guardada no forno!

O ponto final a considerar é que o significa o marido *embriagar-se* com o amor da esposa. Significa que você deve mais do que simplesmente responder; deve ser ativa no relacionamento sexual. Você certamente deve deleitá-lo num sentido passivo, mas é preciso mais do que isso para *embriagá-lo*. Meu dicionário diz que o sentido figurado de *embriagar* é maravilhar, divertir, surpreender, enlevar. Isso significa grande regozijo de ambos os lados. Você não deve simplesmente fazer algo que deleite o seu marido; o que você fizer deve *embriagá-lo* com *intenso* deleite! A imagem aqui não é a de um marido que recebeu sinal verde para agir, mas de alguém que foi calorosamente recepcionado. Ele está *extasiado*. E não é uma colher de chá uma vez por semana. É a figura de uma taça transbordante. Perceba também que o marido é ordenado a embriagar-se *sempre* com as carícias da esposa, não ocasionalmente. A figura que imagino é a de um marido que está tão completamente satisfeito com sua esposa que está (assim disse uma amiga minha) todo derretido. Ele não está sexualmente tenso por causa de seu relacionamento sexual insatisfatório, mas está casado com uma mulher que tem como objetivo deleitá-lo e embriagá-lo com carícias em todo o tempo.

Isso pode parecer um mandamento muito pesado. Provavelmente é difícil para a maioria dos maridos obedecerem a isso fielmente. A obediência do marido não é problema da esposa. É da sua obediência, esposa, que estou tratando aqui. Bem, não estou dizendo a você *como* fazer isso. Estou simplesmente dizendo que é algo que você deve fazer.

É seu dever perante Deus ajudar seu marido a obedecer a esse mandamento. Foi Deus mesmo quem deu você para satisfação do seu esposo, para deleitá-lo intensamente, e se regozijar com ele. Há uma importante razão pela qual não estou dizendo o modo como isso tudo deve ser feito. É porque você precisa perguntar ao seu marido. Ele é o único que pode dizer a você o que o agrada e embriaga. Indubitavelmente, quando as mulheres levam essa tarefa a sério, elas mesmas encontram muita alegria e deleite.

3.   VENCENDO OBSTÁCULOS

Desenvolver uma perspectiva bíblica do sexo é um grande começo. Mas mesmo que você creia no que toda a Escritura afirma sobre esse assunto, sem dúvida ainda haverá alguns obstáculos a superar. Saber qual a coisa certa a fazer é o primeiro passo, mas isso nem sempre será fácil. O mundo sempre resiste à verdade, e nossa carne atravessa o caminho de nossas boas intenções. Vamos considerar alguns dos obstáculos mais comuns que afastam as mulheres de serem esposas responsivas e alegres que embriaguem de carícias ao marido.

O cansaço é uma desculpa comum para o sexo medíocre. Quando a esposa está com dois bebês e outro a caminho, no final do dia, a cama parece estar ali com um único propósito: dormir. Esse é um problema genuíno. Mulheres que assumem seriamente sua responsabilidade trabalham duro o dia inteiro. Cuidar das crianças é não somente física e mentalmente desgastante, mas também traz exaustão emocional. No momento em que todas as crianças estão na cama e a louça está lavada, não há muito para oferecer ao marido. A esposa pode enxergar os avanços do marido como mais uma pessoa que quer algo dela, e essa perspectiva pode se tornar bem deturpada. Isso pede um ajuste ao modo certo de ver as coisas. Embora cuidar das crianças seja uma parte importante do seu chamado, essa não é a única parte. Uma esposa deve ser companheira e amiga, bem como amante para o marido. Ela não pode sacrificar tudo em favor dos filhos e dizer ao marido: "Desculpa, o que era seu eu já gastei com as crianças". Cansaço é um obstáculo, mas não é algo intransponível. Reconheça o cansaço tal como ele é. Fale com o seu marido (ou médico) sobre possíveis soluções. Busque ajuda prática. Precisa de um cochilo durante a tarde? Precisa pôr as crianças na cama mais cedo? Ore para que Deus dê a você um segundo fôlego à noite para que você possa nutrir o relacionamento com o seu marido. Certamente vocês podem superar esse problema juntos. Mas não deixe as coisas como estão. Pode demorar anos até que você tenha novamente a energia que tinha antes das crianças chegarem. Estar cansada não é pecado! Ajuste-se às suas novas circunstâncias e faça as mudanças necessárias.

Outro problema comum é quando a esposa "não está a fim". Geralmente durante a gravidez e amamentação as mulheres simplesmente perdem os desejos sexuais normais. Não entre em pânico por causa disso. Nosso corpo foi feito de um modo maravilho e assombroso. Quem pode entendê-lo? Certamente não podemos entender a nós mesmas muito bem. Contudo, os desejos do seu marido provavelmente não diminuíram. Esse é um obstáculo, mas, repito, não é um obstáculo intransponível. Algumas vezes você vai ter de se esforçar para "estar a fim". De qualquer modo, não é sempre necessário consultar seus sentimentos. Às vezes comparo sexo a uma refeição. Nem toda noite pode ser filé e lagosta. Algumas noites é apenas macarrão com queijo. Mas uma boa cozinheira sabe fazer um banquete de um macarrão com queijo! Se uma esposa não está se sentindo "a fim", ela simplesmente tem de aplicar a regra de ouro. Seu marido sempre está a fim de falar francamente sobre o relacionamento? Talvez não. Você quer que ele diga a você quando não está a fim, mas que você pode ficar falando porque ele te ama e sabe que você precisa? É claro que não. Uma cristã pode fazer o seu dever simplesmente porque é seu dever, e Deus irá abençoar essa iniciativa. Pense nos sacrifícios que seu marido fez por você, e decida ser um deleite e alegria para ele a despeito do que estiver sentindo. Sentimento não é a coisa mais importante.

Talvez você tenha tido experiências sexuais ruins no passado que são agora um obstáculo impedindo que você desfrute de um relacionamento saudável com o seu marido. Isso pode ser outro obstáculo que você deve superar. Lembre-se de que você é cristã. Os cristãos são pessoas que entendem o que é perdoar. Você não tem que arrastar seu passado como se fosse uma bola de ferro atada aos pés. Somos libertos de nossos pecados passados. Agradeça a Deus por seu perdão, e não permaneça nos seus pecados. Ao invés disso, permaneça em sua graça e misericórdia. Mas se você sofreu sexualmente nas mãos de outros, você deve conceder perdão. Nada pode interromper um relacionamento feliz como a amargura, mesmo se essa amargura for dirigida a alguém que não o seu marido. Perdoe aquelas pessoas do seu passado que agiram errado com você na área sexual e não permita que os pecados deles arruínem a sua vida. Isso não faz o menor sentido. Algumas pessoas talvez queiram que você desenterre e repasse todos os males que sofreu. Isso é improdutivo e faz mal. Jesus disse que devemos perdoar quantas vezes àqueles que pecam contra nós? Vezes sem conta. Ponha a sua teologia em prática e peça a Deus para ajudá-lo a perdoar aqueles que pecaram contra você. Esse é o ponto de partida necessário para superar essas coisas. Não faça o seu marido sofrer pelos erros que outros cometeram.

Pudor excessivo é outro problema com o qual as mulheres cristãs podem ter de lidar. Ele pode estar camuflado como espiritualidade. A Bíblia não é um livro pudico e santarrão. Ela é muito explícita em certos pontos. Devemos ter o cuidado de não tentar ser mais santas do que Deus (o que, obviamente, é uma ideia patética). Se Deus não proibiu algo, por que deveríamos nós? Será que sabemos algo que Deus não sabe? Devemos ser *puras*, mas não *santarronas*. Não devemos ser alguém, como o dicionário define, "com escrúpulos exagerados acerca de comportamento... alguém facilmente chocado por questões sexuais". Deus declarou que o leito matrimonial é digno de honra. Então, devemos honrá-lo. Não tente conciliar suas outras desculpas fingindo motivos espirituais. Deus deixou claro em sua Palavra quais os tipos de atividade sexual são proibidos. O que passar disso, essa é uma questão privada, entre você e o seu marido, e que não é da conta de mais ninguém. Às vezes as mulheres cristãs precisam desarmar-se um pouco e estar dispostas a falar com o marido sobre sexo. De que outro modo vocês irão descobrir como agradar e deleitar um ao outro? Não trate o sexo como se ele fosse uma atividade mundana. Se Deus agradou-se em chamar o leito matrimonial de honrado, devemos ser capazes de dar a esta declaração o nosso caloroso amém! É impossível regozijar-se mutuamente enquanto você acha que o que está fazendo é realmente errado.

Sem dúvida alguma, muitos obstáculos surgirão em sua vida de casada. Mas se você costuma agir de acordo com princípios e está determinada a ser obediente a Deus, tais obstáculos também podem ser superados com a graça e a força dele. Nada que é fácil demais vale verdadeiramente a pena. Se você pedir que Deus a ajude a pensar e agir como uma cristã nessa área importante, ele irá ensiná-la e guiá-la na área sexual. Não espere por mudanças drásticas e instantâneas. Nossa santificação é um processo gradual. Mas você deve ver o progresso à medida que aplica a Palavra de Deus.

4.   JARDINS DESCUIDADOS

Infelizmente, algumas mulheres cristãs estão casadas com homens que têm atitudes muito confusas sobre casamento e sexo. Contudo, esse fato não causa espanto, considerando o mundo em que vivemos hoje — um mundo no qual o sexo é praticado de modo indevido, e é objeto de afeição hipnótica, de confusão e de culto. Sempre que o ser humano tenta fazer de uma coisa criada algo mais do que uma coisa criada, ele acaba por deformá-la e distorcê-la gravemente, e por jogar fora o propósito, benefício e a dignidade que tal coisa possuía abaixo de Deus. Por exemplo, quando as mulheres cristãs se casam com homens que estão envolvidos com pornografia e veem o sexo simplesmente como uma janela para o prazer, vai ser difícil aplicar os padrões bíblicos para o relacionamento sexual. Difícil, embora não impossível.

De fato, existe mais de um tipo de jardim descuidado. A esposa casada com o homem que acabei de descrever tem um jardim que não é visto ou apreciado pelo que ele é. Esse marido pisoteou o jardim e pegou quantas flores queria, na hora que bem queria. Logo, como era de se esperar, o jardim está devastado e ele se pergunta qual o problema com a esposa. Por que ela não consegue produzir mais flores?

Outro tipo de jardim negligenciado é o marido que gasta pouco tempo no jardim. Ele não planta, não combate as ervas daninhas, e certamente não o rega. Ele só aparece aqui e ali, busca por uma experiência prazerosa, e então vai embora. Esses dois tipos de jardineiros são um sofrimento para as esposas.

Mas esse livro não foi feito para homens; ele foi escrito para as mulheres. Se você tem um marido como esses que descrevi, você *não* deve cometer o equívoco de lidar com os pecados *dele*; você deve lidar com os seus. Contudo, se ele é um homem cristão que está dedicando-se a ver pornografia, você pode precisar ir aos presbíteros em sua igreja para que ele possa ser disciplinado. Mas, se você considera que ele simplesmente não está gastando tempo suficiente com você, ou de alguma forma não está atendendo às suas necessidades, você deve entender que Deus é o único que pode trazer mudança. A Escritura é clara ao dizer que você pode ser um poderoso instrumento na mão de Deus, se você estiver comprometida em ser a mulher descrita em 1Pedro 3, aquela que ganha o marido em silêncio.

Se o seu marido é um incrédulo, ir até os presbíteros pode ajudar você espiritualmente, mas eles não poderão disciplinar alguém que está fora da igreja.

Algumas mulheres precisam reconhecer o fato de que devem cuidar de seu próprio jardim. Em última instância, nosso Senhor é realmente o Jardineiro mestre. Os maridos devem amar a esposa de tal modo que possam torná-la bela. Mas, quando não o fazem, as esposas não têm de prostrar-se em desespero e desistir. Antes, se você está casada com um incrédulo ou um cristão desobediente, você deve decidir perante Deus que tentará, de um modo piedoso, fazer o melhor que puder para cumprir todas as suas obrigações como esposa. Isso significa que você deve aplicar todo o ensino da Palavra a respeito de sexo, independentemente de o seu marido também aplicar ou não. Ester conquistou o rei e, como resultado, foi grandemente usada por Deus. A sua piedade nunca depende de outrem. Você comparecerá perante Deus em Cristo e prestará contas pelo seu próprio procedimento. Talvez Deus possa usar o relacionamento sexual como um dos meios de conduzir o seu esposo à obediência ou a Cristo.

Como uma mulher pode cuidar de seu próprio jardim? Primeiro, confesse todo o seu ressentimento e amargura para com seu marido. Perdoe a sua conduta e deslizes. Peça a Deus que lhe dê graça para respeitar e amar o seu esposo quando você não estiver sentindo vontade. Confesse sua falta de respeito por ele. Decida começar a tratá-lo com honra, cortesia e deferência. Pare de reclamar dele e para ele. Então você vai estar apta a começar a ser afetiva e calorosa, e criar uma atmosfera prazerosa no lar, de modo que seu marido se sinta bem-vindo.

Se, ao fazer isto, seu marido parece somente piorar, não desista. Algumas vezes as coisas pioram antes de melhorar. Contudo, se ele quer que você veja pornografia com ele, você deve ser clara em sua recusa. Sua submissão a ele sempre deve ser em submissão a Deus. O que Deus proíbe para seus filhos não pode ser revogado por um marido desobediente. A autoridade do seu marido está sujeita à autoridade de Deus. Embora recuse participar com ele da imoralidade, continue a ser respeitosa e não assuma uma postura de autojustiça. Se ele continua a errar ignorando você, lembre-se, como um antigo Puritano dizia, que é melhor sofrer o dano do que causá-lo. Não prejudique o seu marido de volta, mas o trate como Deus gostaria que você o tratasse, sabendo que Deus vê a sua obediência e irá abençoá-la por ela.

Deixe que Deus cuide do seu jardim, e não permita que o ressentimento para com o seu marido ou a inveja por outras esposas que são amadas arruíne o seu jardim. E mesmo que o seu marido não o veja ou não o aprecie do modo que deve, se em algum momento ele acordar e abrir os olhos, verá um adorável jardim *cuidado* esperando por ele.

CAPÍTULO 8

DIVERSOS

1.   A VIRTUDE DA "INDIFERENÇA"

> Se eu não tivesse frutos, pouco importaria quem me condenasse, mas se eu fosse frutífero, não me importaria com quem me condenasse — John Bunyan

Críticas. Condenação. Essas não são palavras que gostamos de ouvir. Todos nós preferiríamos ser louvados e apreciados ao invés de criticados. Mas, se estamos vivendo vidas frutíferas perante Deus, é bem provável que seremos criticados e condenados pelo mundo ímpio. Os conflitos com o mundo incrédulo são algo certo. Como uma esposa piedosa pode não somente suportar essa situação, mas também continuar a ser uma auxiliadora para o seu marido e um exemplo para seus filhos em meio a tal oposição? Devemos adotar a atitude de Bunyan, que certamente é bíblica. Não que eu domine isto de modo completo, mas espero ser capaz de encorajar você com aquilo que aprendi estando casada com um homem que está frequentemente rodeado por controvérsia. A citação que abre este capítulo foi e continua a ser uma inspiração para mim.

Primeiro devemos nos lembrar do ensino do nosso Senhor de que o discípulo não é maior do que o seu mestre. Se Cristo foi maltratado, caluniado, e teve suas palavras distorcidas e mal compreendidas, nós também seremos: "Irmãos, não vos maravilheis se o mundo vos odeia" (1Jo 3.13). Frequentemente agimos com surpresa quando o mundo nos calunia. Isso demonstra o quão longe estamos de uma mentalidade bíblica: "Ai de vós, quando todos vos louvarem! Porque assim procederam seus pais com os falsos profetas" (Lc 6.26). Devemos nos familiarizar melhor com a Bíblia e com a história da igreja; então deixaremos de nos espantar quando nossa família for criticada ou condenada em razão da nossa fé.

É evidente que não devemos dar, por meio de um mau procedimento, ocasião para que os inimigos blasfemem o evangelho (Rm 2.24). Se nosso casamento não está em ordem, se nossos filhos são desobedientes, ou nossa casa está um lixo, então estamos dando um mau testemunho do evangelho de Jesus Cristo. As críticas externas devem ser o resultado de nosso comportamento piedoso, não de nosso procedimento pecaminoso. Devemos ser sagazes como as serpentes e símplices como as pombas (Mt 10.16). Que desgraça é ter notícia de cristãos se divorciando, filhos rejeitando a fé de seus pais, pastores abandonando o ministério. As esposas e mães cristãs precisam despertar para a necessidade de santidade e obediência pessoais. Que recebamos as críticas por nossa fidelidade e pelos frutos que produzimos, e consideremos tais críticas como motivo de toda a alegria; mas, se recebemos críticas por nossa infidelidade e vida infrutífera, então tudo que estamos recebendo é merecido, e provavelmente mais ainda.

As críticas dos incrédulos podem vir em diferentes formas e graus. Podem variar sendo cômicas ou sérias. Se simplesmente é inofensiva e engraçada, devemos ser capazes de rir e não levar muito a sério. Um exemplo disso ocorreu alguns anos atrás quando meu marido escrevia uma coluna política semanal para nosso jornal local. Alguém escreveu para o jornal dizendo que meu marido era um "completo idiota". Inicialmente, não achei aquilo muito engraçado.

Mas, quando meu marido sorriu e sugeriu que eu escrevesse dizendo que aquele crítico não sabia nem a metade, comecei a rir também. Devemos considerar a fonte da crítica. Então podemos dizer como Bunyan: "que me importa?".

Noutra ocasião ouvi de amigos que uma senhora havia feito a mim críticas abertas. Ela havia contado a eles como desperdicei a minha vida não casando com alguém que fosse rico. Ela também disse a eles que meus filhos sempre estavam com o nariz escorrendo e como minha roupa parecia ter saído de dentro de uma garrafa. Não, eu não gostei de ouvir aquilo. Mas qual diferença aquilo realmente fazia? Pessoas como aquela mulher precisam de nossa compaixão e orações.

Porém outras críticas podem ser bem mais sérias e resultar na perda de um emprego ou promoção. Isso não é algo hipotético; temos visto acontecer com amigos. Cheguei a ver pelo menos uma pessoa próxima que foi impedida de colar grau por causa de sua ética cristã. Outra amiga foi duramente perseguida em seu emprego e teve de mudar de carreira. Esse tipo de crítica não pode ser motivo de riso, mas há uma resposta cristã para isso.

A primeira coisa que não devemos fazer é reagir emocionalmente. Isso irá simplesmente complicar e bagunçar a situação. Devemos primeiro aplicar a Escritura que nos diz para abençoar aqueles que nos perseguem; abençoar e não amaldiçoar (Rm 12.14). Quando você ora para que Deus abençoe aquele que a maltrata, isso é uma proteção contra a amargura. Thomas Watson, em *All Things for Good*, disse: "Seja quem for que nos traga uma aflição, é Deus que a envia". Você crê nisso? Se você abençoa e não amaldiçoa, pode confiar que Deus agirá para o seu bem e a glória dele. Se você desobedientemente amaldiçoa, lamenta, reclama, e se afunda em autocompaixão, você não verá a bênção de Deus.

Ao abençoar, nós também devemos perdoar: "O amor cobre multidão de pecados" (1Pe 4.8). Vemos o exemplo de Estevão ao perdoar aqueles que o apedrejavam. E temos o exemplo do nosso Senhor perdoando seus executores na cruz. Esse é o padrão cristão. "Digo-vos, porém, a vós outros que me ouvis: amai os vossos inimigos, fazei o bem aos que vos odeiam; bendizei aos que vos maldizem, orai pelos que vos caluniam" (Lc 6.27-28).

Isso não deixa espaço para amargura, ressentimento ou coração ferido. Você é ordenada a fazer o bem àqueles que te odeiam. Isso é impossível se você faz tudo o que pode para evitar tais pessoas, e isso inclui mais do que simplesmente acrescentá-las à sua lista de oração. Não importa se aqueles que te odeiam são membros da sua família ou simplesmente parceiros de trabalho ou mesmo desconhecidos. Se você não os conhece, ainda assim pode orar por eles. Se os conhece, pode buscar uma maneira concreta de fazer a eles o bem, e pode pedir a Deus que te dê ideias e oportunidades. Esse é o amor cristão que o mundo não entende.

Quando você passar a obedecer às Escrituras nisto, será capaz de concordar com Bunyan e verdadeiramente não se importar com as críticas que receber.

2.   VIÚVAS

> Porque o teu Criador é o teu marido; o Senhor dos
> Exércitos é o seu nome (Is 54.5).

Quando as jovens fazem seus votos de casamento, raramente ponderam sobre como irão se preparar para a viuvez. Contudo, muitas mulheres, cedo ou tarde, ficam viúvas. Minha vizinhança está cheia de casas amplas e antigas onde moram pequenas e solitárias viúvas.

É óbvio que nosso Senhor tem carinho pelas viúvas; vemos sua preocupação com elas quando condena a hipocrisia: "Ai de vós, escribas e fariseus, hipócritas, porque devorais as casas das viúvas e, para o justificar, fazeis longas orações; por isso, sofrereis juízo muito mais severo!" (Mt 23.14). E Tiago nos relembra quão importantes as viúvas são para Deus: "A religião pura e sem mácula, para com o nosso Deus e Pai, é esta: visitar os órfãos e as viúvas nas suas tribulações e a si mesmo guardar-se incontaminado do mundo" (Tg 1.27).

As mulheres precisam entender alguns princípios importantes que irão ajudá-las agora, equipá-las para depois, ou simplesmente capacitá-las para encorajar as viúvas que conhecem. Quais são alguns desses princípios?

Em primeiro lugar, é fundamental que cada mulher cristã compreenda que "o teu Criador é o teu marido; o Senhor dos Exércitos é o seu nome". Se você é uma filha de Deus, você é parte da Noiva de Cristo. Seu Criador é o seu marido. Cristo é o Cabeça da Igreja, coletivamente, e é por consequência o Cabeça ou Marido de seus eleitos. Se você é solteira, você tem um Marido; se você é viúva, você tem um Marido; se você é casada, você tem um marido terreno, alguém que é uma figura do seu Marido celestial, Cristo. Embora as esposas cristãs sejam ordenadas a respeitar e a se submeter ao marido que têm nesta terra, devem fazê-lo em submissão e obediência a Cristo, o Marido celestial. Ele é o seu médico, advogado, sacerdote, pastor, marido. Embora os maridos terrenos possam afastar-se de suas famílias por meio da morte, o seu Marido celestial prometeu nunca te deixar ou esquecer. Esposas, enquanto o seu marido terreno estiver vivo, cultive um pensamento bíblico a esse respeito. Boa doutrina irá ser uma tremenda ajuda nas provações. Crer e aprender as coisas certas sobre Deus é como armazenar mantimentos para um período de fome. Quando as aflições vierem, você terá à disposição um bom estoque da graça.

Não somente se deve estar bem embasada na doutrina sobre a relação de Deus conosco, mas também se deve crer nas coisas certas, no ensino bíblico sobre o controle de Deus sobre todas as coisas. O ensino da Escritura sobre a soberania absoluta será um conforto e uma proteção para você caso seu marido seja levado. Foi Deus quem fez isso? Ele é um Pai amoroso? Ele poderia ter livrado o seu esposo da morte? E por que não o fez? É muito melhor aprender as respostas a essas questões agora. Então, quando as dificuldades vierem, os fundamentos da sua fé não serão abalados. Acumule as promessas do Senhor agora, e você irá se lembrar delas depois — como Cristão, no livro *O Peregrino*, que esteve no Castelo da Dúvida e encontrou a chave da promessa em seu peito. Tenho uma amiga preciosa que é uma jovem viúva, e ela tem me ensinado muito sobre a fidelidade de Deus para com os que nele confiam. Suas promessas são muito reais para ela; são como um colete salva-vidas que, dia após dia, a impede de afundar.

Depois de estabelecer a importância de uma sólida base teológica para as viúvas, outros princípios de vida devem também ser aprendidos. Um deles se encontra em Tito 2.11-12:

> Porquanto a graça de Deus se manifestou salvadora a todos os homens, educando-nos para que, renegadas a impiedade e as paixões mundanas, vivamos, no presente século, sensata, justa e piedosamente (Tt 2.11-12).

Aqui vemos que devemos aprender a dizer "não" à impiedade. As viúvas devem aprender a dizer "não" em diversas situações, e devem também ensinar seus filhos a fazer isso. O marido é uma proteção concreta para a esposa. Quando ele parte, ela logo se torna vulnerável. Aqueles que não podiam incomodá-la em razão da presença do marido agora se sentem livres para dizer e fazer o que bem entendem. Uma mulher piedosa não deve relutar em dizer "não" a muitas coisas. Alguns podem querer devorar sua casa — eles devem ser advertidos dessa impossibilidade. Uma viúva não pode ser tímida quanto a dizer, enfaticamente, *não*. Os crentes próximos a ela devem ser um encorajamento nessa área, porque dizer "não" pode num primeiro momento parecer algo rude para ela. Pode parecer pouco cristão, quando, na verdade, é justo e de acordo com a lei de Deus.

As viúvas podem encontrar profundo consolo em verem-se como casadas com Cristo eternamente, juntamente com todos os eleitos de Deus. Embora o estado de casada nesta terra possa ser um estado abençoado, é somente uma sombra do casamento celestial de Cristo e da Igreja. Nesse casamento eternal, não há viúvas.

3.   AVÓS

Minha mãe recentemente me deu uma carta escrita a lápis, quase se apagando, numa folha de caderno já amarelada. Havia enviado tal carta à minha avó em 1963, agradecendo pelos pijamas, lenços, meias e perfume que ela me enviara em meu aniversário de onze anos. As últimas seis linhas da segunda página estão cheias de sinais de carinho e menções a beijos e abraços. Vovó guardou minhas cartas e, quando ela faleceu, minha mãe continuou a guardá-las. A caligrafia é boa, o conteúdo previsível, e a forma era típica de cartas desse tipo. Nada realmente muito digno de ser preservado. Porém a própria existência das cartas fala muito sobre algo que é bem mais importante do que as histórias que escrevi para a minha avó.

Meus pais me ensinaram a amar e respeitar minha avó. Isso significava escrever cartas de agradecimento quando recebia um presente, bem como cartas com notícias de tempos em tempos. Lembro-me de minha mãe (filha única de minha avó) escrever para ela uma vez por semana. Também me lembro das viagens para ver vovó e das viagens que ela fazia para nos visitar.

Com o passar dos anos ela foi gradualmente se tornando ranzinza. Meus pais ainda assim viajavam mais de três mil quilômetros todo ano para vê-la. Nesse entretempo eles ligavam, escreviam e enviavam presentes. A última vez que eles foram visitá-la, minha avó nem sequer deixou que minha mãe usasse a máquina de lavar, e eles tiveram de procurar uma lavanderia. Pouco depois dessa visita, vovó teve um derrame. Meus pais voltaram correndo para cuidar dela. Mamãe fazia a comida (vovó não comia a refeição do hospital). Após o derrame, ela ficou ainda mais antissocial do que nunca. Mamãe aprendeu a aplicar nela as injeções de insulina. Papai vendeu a casa dela, fretou um caminhão de mudanças, o encheu com todos os pertences que ela tinha, levou tudo para Idaho, e começou a se preparar para a chegada da sogra. Mamãe ficou até vovó estar bem o bastante para viajar, e então vieram para casa de avião.

Mamãe e papai estavam vivendo em uma casa móvel enquanto construíam sua casa definitiva. Papai refez a parte térrea para que vovó pudesse ter um quarto próximo ao deles.

Não foi nada fácil. Mas Deus nunca prometeu que a obediência seria fácil. Ele prometeu bênçãos, graça e força, e isso foi o que ele concedeu. Meus pais haviam ficado livres para viajar, mas de repente tinham novamente uma responsabilidade de tempo integral dentro de casa. Inicialmente vovó nem sempre era agradável, mas Deus começou a operar nela uma mudança maravilhosa. Embora sua fala continuasse distorcida e confusa, consequência do derrame, seu coração ficou límpido. Ela conseguia dizer algumas poucas sentenças inteligíveis: "Isso não é lindo?", "Ele [falando do meu pai] é a coisa mais doce!", "Isso é maravilhoso". Ela se tornou uma doçura e uma alegria. Amava cantar e orar ou dobrar roupas. Sempre estava satisfeita com a comida, e adorava assistir meu pai trabalhando lá fora. As flores eram um deleite para ela. Mamãe a mantinha bem vestida, com o cabelo sempre arrumado, bem como o quarto limpinho e organizado.

Mesmo assim, algumas vezes era difícil para meus pais. Eles sacrificaram alguns de seus melhores anos quando podiam estar viajando e "desfrutando a vida". Ao invés disso, estavam desfrutando de vovó, levando-a para ver as luzes de natal ou o desabrochar das flores.

Quando falavam sobre a salvação, ela sempre respondia afirmativamente, embora suas sentenças fossem confusas.

Deus obviamente interveio e trabalhou uma assombrosa mudança naquela vida. Ela não era mais a mesma mulher.

Certa manhã, mamãe estava com vovó em seu quarto ensolarado. Vovó estava em sua cama quando de repente levantou a vista, sorriu e estendeu a mão. Então expirou. A princípio mamãe pensou que vovó estava tentando alcançá-la, olhando para ela. Mas então ela percebeu que vovó estava provavelmente respondendo à outra presença no quarto — ela havia estendido a mão e sorrido. Que gloriosa partida!

O amor e o compromisso que meus pais ensinaram muitíssimo à minha família sobre o que significa obediência. Deus foi honrado por meio da honra prestada à minha avó. Meus filhos também foram abençoados por meio dessa obediência, pois eles não somente conheceram a bisavó mas viram Deus transformar uma velhinha amarga (que iria morrer solitária e desolada em um asilo) em uma senhora doce e amável. Eles viram o que uma família cristã faz com os membros mais idosos, e viram a dificuldade e a "inconveniência" que acompanham o fruto da obediência.

Sempre serei grata aos meus pais por preservarem as cartas de vovó, por me ensinarem a amá-la e honrá-la, e porque eles mesmos a honraram e amaram. Que possamos todas ser abençoadas com bons filhos como os que minha avó teve.

4. PORTÕES DECORADOS

Embora nossa cultura considere a fidelidade matrimonial como algo desprezível, ainda continua aprovando as festas de casamento. As flores e o champanhe, as daminhas com vestidos airosos levando as alianças, limusines e suítes nupciais estão muito na moda. Os desejos da noiva continuam a evocar belas imagens de doce inocência e o tão cobiçado estado de paixão.

A indústria de casamento do mundo tem muito a dizer sobre que tipo de casamento realizar e quanto um casamento típico deve custar, mas pouco de substancial a dizer sobre o que um casamento realmente é. Eis por que as mães e noivas cristãs precisam aprender a pensar nas cerimônias de casamento a partir de uma perspectiva verdadeiramente cristã. (É fato que os pais e noivos cristãos precisam a aprender a pensar de modo cristão sobre as cerimônias, mas não estou escrevendo para eles). Afinal de contas, os cristãos, mais do que qualquer outro povo, devem entender o que uma cerimônia de casamento significa. Nós entendemos a liderança pactual e as bênçãos do casamento e dos filhos. Certamente devemos ter o melhor tipo de cerimônia, casamentos bem diferentes dos realizados pelos incrédulos. Isso significa que os casamentos cristãos devem realmente ser celebrações, não um ritual chato e sem significado presidido por oficiais desinteressados e frequentada por obrigação pelos amigos que não tiveram como recusar o convite.

Os cristãos devem aprender e se regozijar no significado bíblico de uma cerimônia de casamento. Se não for assim, nossos filhos podem simplesmente fugir com a namorada e casar escondido, poupando tempo, dinheiro e trabalho a papai e mamãe. Se não entendemos o significado, então por que todo esse planejamento e gastos com uma cerimônia de vinte ou trinta minutos? Ao invés de seguir as indicações da moderna indústria de festas de casamento, os cristãos precisam examinar cada aspecto da cerimônia de um ponto de vista bíblico. Precisamos nos fazer algumas perguntas específicas sobre por que estamos fazendo as coisas de modo específico. Só para dar um exemplo, por que o pai está levando a filha pelo corredor? Em muitos casamentos, isso é algo que simplesmente acontece, mas que ninguém sabe o motivo. Os cristãos sabem que o pai está entregando a sua filha. Essa é de várias formas a parte mais significativa da cerimônia de casamento. Quem deu essa mulher àquele homem? O pai havia assumido a responsabilidade por sua filha enquanto ela crescia em sua casa, e agora está entregando-a a um novo cabeça, seu marido, que assumirá a responsabilidade de protegê-la. Os cristãos não devem seguir as tradições culturais de maneira cega, mas muitas dessas tradições quanto às cerimônias de casamento têm fundamentos bíblicos.

Antes de efetivamente iniciar o planejamento da cerimônia, é absolutamente necessário ter uma perspectiva bíblica da festa de casamento. Uma das primeiras coisas que devem estar óbvias é que as bodas são a entrada para o casamento. A cerimônia de casamento não é um fim em si mesmo. E o casamento, de fato, não é um fim em si mesmo. O casamento é um meio de servir e glorificar a Deus. As jovens que veem o casamento como seu objetivo principal estão tornando a cerimônia e o matrimônio num ídolo. Deus planejou que o casamento fosse um estado abençoado de serviço mútuo a ele. As bodas são como um portão lindamente decorado em uma casa. A substância se encontra além do portão da casa, que é o relacionamento matrimonial entre marido e mulher. Manter essa simples e importante distinção nos protege da fascinação e atenção indevida pelo portão. O portão deve ser bonito, mas, infelizmente, algumas vezes o relacionamento sofre por causa da disputa sobre as cores das faixas e a lista de convidados. Nosso Senhor adornou com sua presença a um casamento em Caná; queremos que ele esteja presente no nosso!

Outra consideração importante sobre o planejamento da cerimônia é o papel da noiva, do noivo, e dos pais: a noiva e o noivo são convidados de honra de uma grande festa realizada pelos pais da noiva. Quem está pagando pelo evento é quem decide o que irá acontecer. Em outras palavras, a noiva e o noivo devem render-se aos pais da noiva no momento das decisões sobre a festa. (É claro que se o casal está pagando pela cerimônia isso não se aplica) Na melhor das hipóteses, os pais também irão querer render-se à vontade do casal. Mas a postura do noivo e da noiva deve ser: "Papai e mamãe, que tipo de festa vocês querem nos dar?" Essa atitude previne ressentimentos, sentimentos feridos, e uma centena de outros problemas. Pequenas discordâncias podem tornar-se problemas de longo prazo. Muitos casais hoje pensam que podem tomar todas as decisões, e que ao pai cabe apenas pagar a conta. Isso não é honrar pai e mãe. Uma cerimônia de casamento é uma oportunidade maravilhosa para os filhos honrarem e obedecerem a seus pais no momento em que deixam seus pais para estabelecer seu próprio lar. As bodas deveriam ser um momento para honrar aos pais e a Deus, e não um período estressante de atritos, preocupações e infelicidade!

Finalmente, o mundo busca nos tentar a querer a cerimônia mais perfeita do que qualquer outra na história. Essa tentação conduz a um desejo de sobrepujar todas as nossas amigas. "Nosso casamento" (ou o casamento da nossa filha) "terá..." as daminhas mais bem-vestidas, a cerimônia mais diferente de todas, a maior festa, a melhor música etc. Isso nada mais é do que orgulho e cobiça. Isso é ver o casamento como um espetáculo, não como a celebração de um pacto. O foco não deve ser impressionar nossas amigas, mas honrar a Cristo e celebrar uma ocasião alegre com nossos amigos e família. Devemos querer que nossas amigas desfrutem de um momento maravilhoso, não que fiquem impressionadas com gosto requintado.

Quando cristãos planejam e preparam cerimônias de casamentos devem pensar e agir como cristãos. Devemos focar em Deus, o Criador do casamento, e honrá-lo em toda nossa preparação e celebração, lembrando-se de que ele nos honrou com o casamento como imagem da união entre Cristo e a Igreja.

REFERÊNCIAS BÍBLICAS

O Fruto de Suas Mãos
O respeito e a mulher cristã

Sua Filha em Casamento
Cortejo bíblico no mundo moderno

Minha Vida por Você
Caminhando pelo lar cristão

Firme nas Promessas
Um manual bíblico para a criação de filhos

OUTROS TÍTULOS DA EDITORA CLIRE

As Obras de João Calvino (Vol.1)

A Necessidade de Reformar a Igreja &

Psicopaniquia

Brochura
14 x 21 cm
424 páginas

Gênesis — Vol. 1

Série Comentários Bíblicos João Calvino

Brochura
14 x 21 cm
632 páginas

As Três Formas de Unidade das Igrejas

Reformadas — *Confissão Belga, Catecismo de*

Heidelberg e Cânones de Dort

Brochura
14 x 21 cm
184 páginas

www.editoraclire.com.br

OUTRAS PUBLICAÇÕES:

- **Adoração evangélica** — Jeremiah Boroughs
- **Adoração reformada** — Terry Johnson
- **Apostasia do evangelho** — John Owen
- **Bases bíblicas para o batismo infantil, As** — D. H. Small
- **Batismo infantil, O** — Anglada, Pipa, Sartelle, Evans
- **Busca da plena segurança, A** — Joel Beeke
- **Catecismo Maior de Westminster – Comentado** — Johannes Geerhardus Vos
- **Ceia do Senhor, A** — Thomas Watson
- **Cheios do Espírito** — Augustus Nicodemus
- **Confissão de Fé de Westminster – Comentada** — A. A. Hodge
- **Controvésia Não Resolvida, A** — Iain Murray
- **Cultivando a santidade** — Joel Beeke
- **Crente também tem depressão** — David Murray
- **Cristianismo e Liberalismo** — J. Machen
- **Cristo dos profetas, O** — O. Palmer Robertson
- **Dia do Senhor, O** — Joseph Pipa
- **Diretório de Culto de Westminster, O** — Assembleia de Westminster
- **Disciplina na igreja: uma marca em extinção** — S. Portela, V. Santos, G. W. Knight III

- **Dissipando a tirania** (Série sobre os Huguenotes Vol. 2) — Piet Prins
- **Esperança adiada, Uma**: a doutrina da adoção e paternidade de Deus — Stephen Yuille
- **Espírito Santo, O** (Esboço de teologia cristã)— Sinclair Ferguson
- **Espírito Santo, O** (Uma compilação da extraordinária obra do "Príncipe dos Puritanos") — John Owen
- **Estudos no Breve Catecismo de Westminster – Comentado** — Leonard T. Van Horn
- **Evangelho para os filhos da aliança, O** — Joel Beeke
- **Família na igreja, A** — Joel Beeke
- **Fazendo a fé naufragar** — Kevin Reed
- **Fazendo a igreja crescer** — William Smith, Solano Portela
- **Fuga, A** (História da perseguição aos Huguenotes) — A. Van der Jagt
- **Glorioso evangelho da graça, O** – Sermões no Catecismo de Heidelberg — Charles Wieske
- **Governo Bíblico de Igreja, O** — Kevin Reed
- **Homem e mulher e suas atribuições** — George W. Knight
- **Igreja apostólica, A** – Que significa isto? — Thomas Witherow
- **Igreja de Cristo, A**: um tratado sobre a natureza, ordenanças e dissiplina da igreja — James Banerman
- **Implicações práticas do calvinismo** — A. N. Martin
- **João Calvino era assim** — Thea B. Van Halsema
- **Lei de Deus hoje, A** — Solano Portela
- **Lei moral, A** — Ernest Kevan
- **Livro da vida, O** — Valter Graciano Martins
- **Modernismo e a inerrância bíblica, O** — Brian Schwertley
- **Movimento carismático e as novas revelações do Espírito, O** — Brian Schwertley
- **Necessidade de reformar a igreja, A** — João Calvino
- **No esplendor da Santidade**: redescobrindo a beleza da Adoração reformada — Jon D. Payne
- **Origem e composição do Catecismo Maior de Westminster** — Chad B. Van Dixhoorn

- **Pacto da graça, O** — John Murray
- **Palavra final, A** — O. Palmer Robertson
- **Paulo plantador de igrejas** — Augustus Nicodemus
- **Pena capital e a lei de Deus, A** — Solano Portela
- **Perspectivas sobre o pentecostes** — Richard B. Gaffin Jr
- **Por que devemos cantar os Salmos?** — Joel R. Beek, Terry Johnson, Daniel Hyde
- **Presbítero regente, O** — Samuel Miller
- **Profecia no Novo Testamento, A** — Georde W. Knight III
- **Quando o dia nasceu** (Série sobre os Huguenotes Vol. 1) — Piet Prins
- **Que é a fé reformada?, O** — J. Richard de Witt T. Johnson, Solano Portela
- **Que é um culto reformado?, O** — Daniel Hyde
- **Reforma ontem, hoje e amanhã** — Carl Trueman
- **Sola scriptura e o princípio regulador do culto** — Brian
- **Todo o conselho de Deus** — Ryan MacGraw
- **Trabalho de amor, Um**: prioridades de um pastor puritano — Stephen Yuille
- **Três Formas de Unidade, As** — Igrejas Reformadas
- **Três homens chegaram a Heidelberg**: a história por trás do catecismo de Heidelberg — Thea B. Van Halsema
- **Vida religiosa dos estudantes de teologia, A** — B. B. Warfield
- **Visão Puritana das Escrituras, A** — Derek Thomas